有機・無農薬栽培ガイド

プロの農業者から家庭菜園まで

大内信一

コモンズ

● はじめに ●●●

　私は1941年に福島県二本松市で16代続く農家の長男に生まれ、56年の中学校卒業と同時に、迷いもなく好きな農業の道に飛び込みました。以後、一貫して専業です。

　当時の我が家の経営は、米、麦、大豆と養蚕、そして多少の自家用野菜。周囲の農家も同じでした。私は食べることが好きで、農家であるのだから食べるものはすべて自給したいという思いが強かったので、卵と肉の自給を目指して養鶏に力を入れていきます。野菜も数多く作付けました。とはいえ、周囲に養鶏農家も野菜栽培農家もほとんどいません。農業技術書を読みあさっての試行錯誤が続きました。

　そんなある日、種子を買いに行った近くの種子屋さんで、種子や品種の特性、栽培技術などをいろいろ教えていただきました。この方はとにかく詳しく、「野菜から生まれたのかな」と思ったことをいまも覚えています。その後、種苗会社の農場にも足を運び、教えを受けました。そして、野菜がたくさんとれたときは、市内にあった青果市場に出荷。そこには、ベテラン農家の見事な野菜が並んでいました。やがて出荷農家と顔見知りとなり、押しかけて畑を見せてもらい、栽培の工夫を聞きました。これらが私の多様な野菜づくりの基礎となったのです。

　また、養蚕が経営の大きな柱だったので、農薬を使うことに抵抗があり、いかに野菜づくりで農薬を減らすか、農薬を使わずに栽培できるかが、当初から目標でした。そのため、後に有機農業へスムーズに転換できたと思います。

　そのころ、青年団活動で知り合った愛農養鶏を実践している先輩から、「先生が来て研修会を行うから、ぜひ参加しないか」と誘われました。それが、三重県に本部がある全国愛農会（1945年設立。農業を愛し、農業に生きる仲間がつくる、自主独立の運動組織）との出合いです。その研修会では、それまでどんな研修会に参加しても得られなかったような、深い感動を味わいました。農業技術の習得とともに、生き方を大きく変える内容だったのです。その後、愛農会の各種研修会に参加し、農業と平和の大切さに加えて、愛農会創立者の小谷純一先生（1910～2004年）などから聖書の真理を学び、大きな力をいただきます。

　あるとき、私が人生の師とする高橋三郎先生の研修会の折、先生の講演の前に、私が自分の考えや生き方を発表する機会がありました。一生懸命に準備し、話し終わって評価を気にしていた私に、先生はおっしゃいました。

「ご苦労様、いい勉強になっただろう。話をしたり、文を書いたりすることは、他人のためではない。自分のため、自分の勉強なんだよ」

大きな講演会を開き、数多くの著作があり、何でも知っていると思われる先生が、まずは自分の勉強のため、自分を向上させるために努力しておられる。それは、若き私にとって目からうろこが落ちる瞬間でした。

その後、私が農業に関する文章を書くようになったのは、自らの生き方や有機農業技術を反省し、より向上できればという思いからです。同時に、多くを学び、育てられてきた愛農会に連なる農家の子弟、新規就農者の技術が向上し、消費者とともに歩みながら、日本の有機農業と農業全般の発展に愛農会が貢献できるようにという願いもあります。

1971年に日本有機農業研究会が結成され、福島県内では愛農会員が中心となって、有機農業の先覚者や実践家を招いての研修会を繰り返し開催し、学習してきました。そのなかで、1978年に二本松有機農業研究会が結成されます。そして、経済活動だけでなく、自分たちと消費者の健康を守り、土と自然環境を守る農業を目指して、消費者グループや生協と、顔と顔の見える関係のもとで提携が進んでいきました。

この本のもととなったのは、愛農会の月刊誌『愛農』の2008年11月号から2012年4月号に連載した文章です。当時の状況や技術を前提に書き、愛農会の山本和宏事務局長はじめ、編集の坪井涼子さんには、拙文を編集する労を賜りました。また、当時ご健在だった、愛農会の大先輩であり、自然を愛し、自然観察が得意で、日曜の聖書集会を共にした友人の故・武田章さんは、毎月イラストを描き続けてくださり、大きな力を与えられました。この場を借りて、3人の方々に深くお礼申し上げます。

その後、山本さんから一冊の本にしたらよいという提案をいただきました。本書の発行にあたっては、コモンズの大江正章さんから多くのアドバイスと指導をいただいたことを感謝いたします。なお、播種や植え付けなどの時期は東北地方南部を基準にしたので、地域の気候に合わせて応用してください。

『愛農』の連載が終わりに近づいた2011年3月、東日本大震災にともなう東京電力福島第一原子力発電所の水素爆発により、一部の農産物が出荷停止となりました。「放射能に汚染された福島の地で、安全な野菜をつくれるはずがない」と

いう声が聞こえ、長く交流のあった消費者の一部が提携を解消します。誇りをもって楽しく働いてきた道が、真っ暗になる思いでした。

そのとき大きな力となったのが、愛農会に連なる多くの仲間や、日本有機農業研究会をはじめ全国からの、「福島を守れ、福島の有機農業を守れ」という励ましと支援です。長年続けてきた土づくりの成果と作物の強さにも助けられました。第5章のナタネやワタの項では、原発事故後の活動にもふれていいます。また、原発事故後に各地で話したり書いたりした文章をまとめて、あとがきに載せました。厳しい状況でも、私はホウレンソウはじめ作物に助けられ、作物と共に歩む幸せを感じました。そして、作物と共に歩むには、愛農会が掲げる平和な世界と、戦争や原子力に頼らない社会の実現がいかに大切かを痛切に思います。農業と平和、さらに再生可能エネルギーの道を目指しながら、歩みたいと考えています。

ところで、消費者からときどきお叱りを受けることがあります。それは、まっすぐなキュウリや虫のいないきれいなキャベツを届けたときです。無農薬では曲がったキュウリや虫食いキャベツが当たり前という先入観が、いまだにあります。有機農業者もそれに甘えていないでしょうか。

天候不順や管理不足で見栄えの悪い野菜ができることもあり、それも大事に食べてはほしいのですが、野菜の特性と旬を知り、きちんと土づくりと適切な管理をすれば、見栄えも慣行農業には負けません。そのために、この本が役立てれば幸いです。そして、消費者とともに歩んでいきたいと思います。

私の有機農業は多くの先輩や仲間に支えられたものであり、身近な有機農業の仲間とともに培った技術です。ここに改めて感謝いたします。最後に、有機農業という新たな道を求めて試行錯誤する私を暖かくも厳しく見守ってくれたいまは亡き両親、さらに現在多種類の栽培と有機農業ゆえの長時間労働に協力し、共に歩んでいる妻・美知子と後継者・督に感謝します。こうした協力と支援が一つでも欠けていたら、この本の出版はなしとげられませんでした。この本が日本の有機農業の発展と有機農家、そして農に親しむすべての人たちの指針となり、彼らが地域に根ざして技術を向上していくことを心から願っています。

2016年10月

大内　信一

CONTENTS

はじめに 2

第1章●有機農業の基礎知識

1 有機・無農薬栽培への道　10
2 土づくりと堆肥・肥料　14
3 輪作・緑肥・適期適作　22
4 苗づくり──苗半作・苗7分作　25
5 有機・無農薬栽培の基本
　──作物づくりの心と実践17カ条　28

第2章●実を食べる野菜

ナス〈ナス科〉　32
トマト〈ナス科〉　36
キュウリ〈ウリ科〉　40
ピーマン〈ナス科〉　45
シシトウとトウガラシ〈ナス科〉　48
カボチャ〈ウリ科〉　49
エンドウ豆〈マメ科〉　53

  インゲン〈マメ科〉　56
  トウモロコシ〈イネ科〉　60
  オクラ〈アオイ科〉　63
  スイカ〈ウリ科〉　64
  メロン〈ウリ科〉　68
  ゴマ〈ゴマ科〉とエゴマ〈シソ科〉　72

第3章●葉・茎を食べる野菜

  キャベツ、ブロッコリー、カリフラワー〈アブラナ科〉　78
  白菜〈アブラナ科〉　82
  レタス〈キク科〉　86
  ホウレンソウ〈ヒユ科アカザ亜科〉　90
  小松菜と青菜類〈アブラナ科〉　94
  タマネギ〈ユリ科ネギ属〉　99
  ネギ〈ユリ科ネギ属〉　104

第4章●根を食べる野菜

  大根〈アブラナ科〉　110
  人参〈セリ科〉　114
  カブ〈アブラナ科〉　118

ラディッシュ〈アブラナ科〉 122
ジャガイモ〈ナス科〉 123
サトイモ〈サトイモ科〉 128
サツマイモ〈ヒルガオ科〉 132
ナガイモ〈ヤマノイモ科〉 136
ゴボウ〈キク科〉 138
ショウガ〈ショウガ科〉 142
ニンニク〈ユリ科ネギ属〉 144
ラッキョウ〈ユリ科〉 148

第5章●穀物など

米[イネ]〈イネ科〉 152
小麦〈イネ科コムギ属〉 170
大豆〈マメ科〉 176
ソバ〈タデ科〉 182
ナタネ(アブラナ)〈アブラナ科〉 188
ワタ〈アオイ科〉 192

ホウレンソウに励まされて——あとがきに代えて 197

第1章 有機農業の基礎知識

1　有機・無農薬栽培への道

■**近代農業に励んだころ**■

1960年ごろから、農業においても多角経営による所得倍増が叫ばれた。わが家でも、米や養蚕に加えて、自給の延長として養鶏や野菜が販売に加わる。同時に、生産性を向上して重労働から解放されるために、農薬、とくに水稲の除草剤の使用に積極的に取り組んだ。

養鶏と野菜に多くの労働時間を取られる一方で、日本における稲作の重要性、土地生産性と米の栄養価の高さなどを知るにつけ、1960年代後半には米の多収を目指していく。東北地方では、1954年の日米MSA協定（相互安全保障協定）＊の調印以降、小麦と大豆の輸入増によって畑作が衰退し、水田への転換が急速に進んでいた。ところが、そこに降ってわいたように、米の減反政策（生産調整）が1970年に実施される。

わが家でも無理して開田した農地は用水の便が悪く、苦労続きだったので、減反を機に畑に戻した。そこに何をつくるか。悩んだ末、わずかに販売して好評だったカボチャやタマネギの栽培を増やすことにした。

当時、減反によって水田から人の姿が消え、営々と築いてきた先輩たちの多収への歩みも風前の灯と思われたが、この灯は消してはならない。仲間に呼びかけて稲作にも励んだ。

多収をねらうあまり病虫害予防に力を入れ、農薬散布の回数が増えた1970年代なかば、農薬の害や有機栽培の話をマスコミや愛農会で聞くようになる。しかし、近代農業（多収）と重労働からの解放を目指す感覚から、頭ではわかっても実践となると他人事だった。

そんなある日、真夏の暑いさなか、ミスト機（薬剤を霧状にして散布する機械）を背負い、妻と一緒に農薬の散布に汗だくだった。水稲のイモチ病の防除のためである。

畦に立って一休みしながら、ふと気づいた。いままで農薬の害は消費者のことと思っていたが、農民自身の健康の問題ではないか。

折しも、妻は妊娠していた。生まれてくる子どもたちへの影響について話や活字では知っていても、実感としてわかったのは、農薬散布の苦しさを通してだったのだ。

この日を境に、私は敢然と有機農業へ歩み始めた。それは、儲けるための農業ではなく、自分たちと消費者の健康と自然を守る農業への歩みである。

＊相互防衛援助協定や農産物購入協定などの総称。アメリカの援助受入国に、自由主義陣営の防衛努力を義務付けた。日本は小麦などのアメリカの余剰農産物の受け入れを決定。学校給食にパンが導入された。

■**有機農業への道**■

私にとって有機農業は、多くの困難はあったにせよ、未知の世界ではなかった。近代農業を目指してはいても、複合経営のもとで養鶏を軸に土づくりに最重点を置いてきたおかげで、土が肥え、味のよい作物が収穫されていたからだ。

有機農業に切りかえてからも、それまでに培ってきた栽培技術、作物の生理や特性などに対する知識は、大いに役立った。カボチャやタマネギ中心だった野菜栽培は、消費者の増加につれて品目が増えていく。春には毎年、果菜類の苗の注文が近所や知人から多く入った。

こうして多種類の野菜と穀物を組み合わせた作付けで、畑の多角的利用と輪作が進み、連作障害には縁遠い。常に自給を目指してきたことが、いまの確固たる経営の基盤となっている。

また、昔からの農民の知恵である漬物、味噌、醤油、餅、イモガラや干大根などの乾物を自ら加工してきた。さらに、良心的な加工業者さんにお願いして、うどん（乾麺）、小麦粉、豆腐、納豆、豆菓子、玄米せんべい、食用油なども委託製造している。だから、そ

二本松有機農業研究会の旬の野菜セット（7〜8月）　Ⓒ武田章

れらの原料となる小麦、大豆、菜種、雑穀など近隣の畑から姿を消した作物も作り続けてきたし、その結果として、添加物の洪水からわが家と消費者の健康が守られてきた。

■ **オーストラリアの農業視察で見たこと** ■

1995年に、農業委員の仲間とオーストラリアへ農業視察に行く機会があり、広大な大地の農業の一部を見る貴重な体験ができた。それはまた、わが家の自給、地域の自給、日本の自給の大切さを確信させる旅ともなった。

水田が広がるやや内陸部で訪ねたのは、200haを経営する中堅農家。小麦、水稲、羊の放牧を3年輪作で行っているという。農地すべてに、羊の逃亡を防ぐバラ線が張り巡らされている。限られた水を利用し、地力を維持するための高度な輪作には、度胆を抜かれた。

案内された作業所では、刈り取ったばかりの小麦をタンクから取り出し、見せてくれた。その粒をかもうとしたら、案内者が言う。

「かんではダメだ」

「なぜですか?」

「虫が出ないように農薬が混入されているから」

ポストハーベスト(収穫後の農産物への農薬散布)の現実を目の当たりにした。輸送中と保管中に、あと何回使われるのだろうか。

私たちがつくる小麦粉は、夏にはすぐに虫が出るが、外国産はまったく出ないはずである。これでは、遺伝子組み換え作物とともに、輸入農産物による健康問題を引き起こしかねない。輸送過程でのCO_2による大気汚染も心配だ。

国内農地の多くが荒廃を余儀なくされ、自給を放棄した現在の日本は危うい。この旅で、自給の重要性を再認識させられた。

農業一筋に60年

～わが家の自給と有機農業への歩み～

昭和30年代
　◇就農　愛農会との出会い
　◇水稲・麦・養蚕主体から、養鶏・野菜を導入し、多角経営を始める

昭和40年代
　◇多角経営から複合経営へ、養鶏を増やす
　◇水稲多収から有機農業への目覚め
　◇野菜の多品目生産、販売品目の増加

昭和50～60年代
　◇有機農業への転換
　◇JA二本松有機農業研究会の結成(1978年)
　◇消費者との提携・交流が深まる
　◇養鶏1500羽、野菜40～50種類
　◇穀物生産も増加
　◇水稲　雑草との闘い(脱除草剤)

平成～現在
　◇有機JAS認証を取得(2001年)
　◇兼業農家の増加により借地を増やす　地域を守るための取り組み
　◇養鶏の中止(自給用のみ残す)
　◇面積増により穀物生産が増える(小麦、大豆、雑穀)
　◇水稲　イネミズゾウ虫と草との闘い、アイガモ除草→米ぬか除草→水稲と大豆の輪作による対応
　◇自給　加工品目の増加、加工業者との連携(漬物、味噌、醤油、餅、乾物、うどん(乾麺)、小麦粉、豆腐、納豆、豆菓子、玄米せんべい、食用油など)
　◇地元小学校への有機野菜納入、環境リサイクル運動への参加(二本松有機農業研究会として)

現在の経営
　◇水田380a(うち借地230a)
　　水稲200a、大豆180a、小麦70a、
　　ナタネ50a(裏作)
　◇畑180a(うち借地70a)
　　野菜140a(40種類)、雑穀40a

2　土づくりと堆肥・肥料

■**文明を支えた農耕**■

　人類の歴史をみると、文明の発達は農耕とともに推移しているのがわかる。耕作＝カルチャーが「文化」と言われるゆえんである。

　古代エジプトでは、上流の山林地帯から運ばれた肥沃な土が堆積してできた豊かな土地が繁栄を支えた。近代文明の発祥地となったギリシャやローマも同様である。長年堆積された落ち葉が腐葉土となった森林を伐採して、肥沃な農耕地を形成した。その後は、ヨーロッパやアメリカ大陸の広大な土地での豊かな実りが、現在の文明の基礎となる。

　だが、豊かな大自然が蓄えた地力（腐植）は永遠には続かない。小麦をはじめ穀物の大産地の生産力が約50年で低下していく事実を振り返るとき、農業あるいは文明の栄華は、肥沃な土地からの収奪によって支えられていたことを改めて思い知らされる。化学肥料の投入によって一時的には生産量が増えるが、化学肥料は土を肥沃にするどころか地力の収奪に拍車をかけ、土地を著しく衰えさせてしまった。

■**有機農業で世界に貢献**■

　こうした歴史を見れば、今日の有機農業に至る必然性があったと思われる。実際、肥沃な土地に支えられて有機農業は古くから行われていた。

　近世のドイツやイギリスで取り入れられたのは、有畜複合経営による三圃式ないし四圃式農業だ。それは、麦・ジャガイモ・牧草・家畜を組み合わせ、一部の土地を休ませることによって地力の減退を防ぎ、土地の肥沃化を図る、すぐれた農法である。輪作と家畜の導入が、そのポイントになっている。

　また、東南アジアや中国では、古くから集約的な農業が行われてきた。狭い面積を有効利用し、堆肥の投入によって腐植が土壌中に蓄積されて地力を維持し、多種類の作物を作付けして生産性を高めてきたのだ。それは、アフリカなどに多かった広大な土地を利用する焼畑移動式農業や、欧米に見られる穀物の大量生産による収奪農業とは異なる、永続的で勤勉な農業の典型といえる。

　日本においては、水稲という地力維持にはもっともすぐれた作物が耕地の半分以上を占め（2014年は54％）、豊かな森林資源がその耕地を守り、集約的な農業を支えてきた。しかし、近年の急速な化学物質の増加は農業の分野

にも及んでいる。

　本来の農業は、地力と生産性を高めて、作物もそれを食べる人間や家畜も健康にする。ところが、現代の農業は安易に化学肥料や農薬に頼り、生産性の向上のみを目指してきた。そして、作物も人間も家畜も、体力の衰えによって病気が発生すれば薬で防ぐ。この繰り返しは、やがて日本農業と日本人の滅亡を意味する。

　歴史的にも、農業が亡んで栄えた文明はない。いまこそ、有機農業によって地力と真の国力を回復させ、高めなければならない。それが、日本が世界に貢献できる最大の営みではないだろうか。

■堆肥が土をつくる■

　森林に長年にわたって落ち葉が堆積し、腐葉土となる。そこは土壌昆虫や微生物の絶好の棲み処である。その状態を人工的につくるのが堆肥だ。

　作物が育つためには、土を団粒構造にして、通気性があり、保水力・保肥力がありながら、排水もよくしなければならない。そのためには、良質な堆肥の投入が前提となる。また、緑肥、雑草や作物残渣(とくに禾本科=イネ科)も、同様な役割を果たす。堆肥は、作物の栄養分としてより、土の構造改善に役立つ。

　材料は、田畑の近くにある自然のものを利用しよう。わら、もみ殻、落ち葉、山野草、チップ粕、バーク(木の皮)、オガクズ、米ぬか、鶏糞、豚糞、牛糞、おからなどである。

■堆肥づくりの目安は炭素率(CN比)■

　炭素率とは、堆肥材料に含まれる炭素量÷窒素量の割合をいう。この値が高いほど、炭素分が多い。炭素率を知っていれば、材料を組み合わせる目安になり、便利である。オガクズのように炭素率の高い材料は、鶏糞などの窒素分が高い材料を大量に混ぜなければ、良質の堆肥とならない。

表1　いろいろな堆肥材料の炭素率(%)

材料	炭素率
オガクズ	300〜600
麦わら	80〜100
もみ殻	70
落ち葉	60〜120
稲わら	60
山野草	40〜60
牛　糞	20
豚　糞	10
鶏　糞	7

■堆肥の材料の特徴■

①稲わら

　もっとも多く使われている。炭素率が比較的高いので、5〜10%の米ぬかと水分を加えれば、容易に堆肥とな

る。ただし、完熟すると量がかなり減る。

生のわらや中熟程度の稲わら堆肥を入れれば、土壌中の有機物が増え、通気性と根の働きがよくなる。また、野菜類の敷きわらとして用い、それを鋤き込めば、最適の有機質資材だ。

②もみ殻

稲わらより炭素率が高く、作物を丈夫にするケイ酸の含有量は3～4倍。稲わらや落ち葉や家畜糞と混ぜるとベタつかず、酸素をよく供給するので、良質の堆肥ができる。

なお、もみ殻の性質上、イネの成育中に、もみの命を守るため、雨や露をはじきとばす性質を持ち続ける。したがって、少しの水では発酵しないので、十分・十二分に水をやろう（下から水が染み出るくらい）。

③落ち葉

ナラ、クヌギ、サクラなど落葉樹の落ち葉で最高の堆肥ができる。稲わら、もみ殻、米ぬかなどと混ぜ合わせる。

④山野草

刈り取ってすぐは水分が多すぎるので、半乾きにするとよい。カヤやヨシのような禾本科を秋に刈ると、繊維が強いので完成までに時間がかかるが、良質の堆肥となる。夏に刈った場合は短期間ででき、敷き草としてもよい。

また、畑の雑草を大きくして鋤き込むと、緑肥として有機質の補給ができる。

⑤木材クズ

オガクズ、チップ粕、木の皮などはかつて、作物にとって百害あって一利なしと言われた。それは、炭素率が非常に高く、分解できないほど固く、毒性もあるタンニンなど、作物の根の生育阻害物質を多く含んでいるからだ。

しかし近年、高温発酵によって毒性が分解除去されることがわかり、よく利用されるようになった。稲わら堆肥の数倍も長持ちするため、土壌中に有機質が残り、土壌改良に大きな働きをする。ただし、未熟なものは必ず作物に害を及ぼし、病害虫多発の原因となる。

⑥米ぬか

なくてはならない堆肥材料のひとつである。甘みがあるため、微生物に好まれ、良質の堆肥づくりに役立つ。使用量は材料の3～5％である。

⑦家畜糞

窒素源として欠かせないが、各材料の炭素率を知って適確に使用しよう。混合する稲わらや草が少ないと、酸素が不足して適切に発酵しないため、ベタついて嫌気性となり、堆肥が異臭を放つ。

⑧燻炭

炭は養分や臭いを吸収する力があるので、混入すると良質の堆肥になり、肥料分が保持され、田畑に施してからよい働きをする。床土に使う堆肥をつくるとき、もみ殻が多くあれば、燻炭（焼きもみ殻）にして混入すると有効である。

燻炭のつくり方

①燻炭焼機（2500円程度）に燃えやすいスギの枯葉を入れて火をつけ、まわりをよく乾いたもみ殻で覆う。

②よく混ぜてまんべんなく半日ほど焼き、灰にならないように仕上げる。

③トタンやドラム缶のふたを切り取った筒状のカンに詰め、足で強く踏みつけて酸素不足にし、火を消す。水をかけて消す方法もある。

＊火事には十分に注意しよう。

⑨発酵菌

以前はいろいろ使ったが、いまは使用していない。米ぬかを入れて微生物の発生を盛んにし、好気性発酵を促せば、使わずに良質な堆肥ができる。

■堆肥づくりの実際■

私は現在、落ち葉ともみ殻を主体に、米ぬかと平飼い養鶏の鶏糞を材料としている。身近にある材料を使うのが基本。イネの収穫後の秋にはワラともみ殻が多く出るし、冬は落ち葉をできるだけたくさん集めておく。

落ち葉はふわふわしているので、集めたら写真のような木枠に、「ぎゅっ」と押し込むとよい。農業用コンテナに積みこむのも楽である。

農作業が忙しくなる前が堆肥づくりの適期だ。目立たないが、作物づくりの基礎となる、楽しく重要な作業である。

混合堆積の割合

落ち葉…40～50％、もみ殻…40～50％、鶏糞…3～5％、米ぬか…3％

①水分

50～60％とする。手で握って、わずかに指から水が染み出るくらいが目安。水分割合が堆肥の良否を左右する。もみ殻は水分を吸いにくく、落ち葉は積み込むときっちりくっついて酸素不足となりやすい。したがって、この両者を組み合わせると水分調節や酸

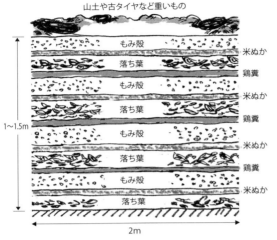

図1 堆肥の積み方

素供給がほどよい。米ぬかや鶏糞を多目に加えると、炭素率が高く、腐植も長く続き、土づくりのよい助けとなる。

②積み方

図1のように積み込んでいく。堆肥枠を使用する方法もあるが、私の場合は量が多いので、2m幅くらいに長く積んでいる。量が多いほうが発熱しやすいので、1トン以上の材料を確保しよう。

なお、表面が乾きやすいので、山土や古タイヤなど重い材料を積み、水を十分にかけるとよい。広い場所があれば、材料を混合してから積み込んでもよい。

③切り返し

材料と季節によるが、春や秋なら10～15日で60～70°に上がる。積み込んで20日後くらいに1回目の切り返しを行う。このとき、材料がよく混ざるようにして、乾いているところには水を足し、できるかぎり内外・上下を入れ替えながら切り返す。水分が多すぎるか温度が上がらない場合は窒素分が少ないので、米ぬかを補給するとよい。

その後20日くらいで2回目の切り返しを行うと、3～4カ月で良質の堆肥ができる。

■ボカシ肥料のつくり方■

ボカシ肥料は、作物の生長を助ける栄養分として必要だ。有機質肥料は生のまま土に施すと分解・発酵時に発生する有機酸やアンモニアガスが発芽や根に害を与えたり、虫やネズミの害が多くなる。それを防ぐために、よく発酵させてから施す。生で施すときの急速な肥効や分解をぼかすという意味で、「ボカシ肥料」と呼ばれる。

入手しやすい材料を選ぶが、米ぬか、菜種粕、魚粕、大豆粕、おから、クズ大豆などが一般的。材料を混ぜてから水を加える。水分量50%がちょうどよい。手で握ると固まり、指で突

つくとすぐにこわれるくらいが目安（乾燥した材料10kgに水2ℓ）。

　水分が多すぎると腐敗発酵するので、米ぬかなどを加えて調整する。また、水分が少ないとすぐ高温発酵して良質にならないため、水を加える。

　春か秋がボカシ肥料づくりには適し、ほぼ一昼夜で50℃以上に発熱する。50℃以上になると養分が飛散するので、50℃になったら切り返す。量が多いときは管理機のロータリーで攪拌すると楽だ。切り返しは1日1回が目安。温度がすぐに上がりすぎるときは、積む高さを下げよう。切り返しを繰り返し、4～5日で完成する。

　完成後はすぐに使用できる。保存するときは、薄く広げて乾燥させる。

■**私のボカシ肥料づくり**■

　①クズ大豆を使う場合は、一晩水に浸す。

　②おからか水に浸したクズ大豆に、米ぬかと菜種粕を加えて、水分が50％になるように混ぜる。材料の割合の目安は次のとおり。なお、おからが少ないときは水を多くする。

　クズ大豆、おから＝40～50％、米ぬか＝20％、菜種粕＝20％、水＝5％（ベタつかない程度に加減する）。

　③30cmくらいに積み上げ、管理機のロータリーで攪拌後、40～50cmに積み上げ、50℃になったら切り返す。

　量が多い場合は、薄く広げて乾燥するために広い場所を必要とする。私は使用する5～6日前につくり、一部は完成後すぐに使っている。

土中ボカシ

　栽培面積が増え、ボカシ肥料づくりが大変になってきた。そこで、とくに夏は米ぬかや菜種粕を直接畑に施し、すぐ耕起して「土中ボカシ」とするときもある。長年にわたって有機質を施用し、微生物が増えているので、分解力が高くなっている。とはいえ、種播きや植え付けの1週間前には施し、2～3回耕起してから作付けする。

　同時に作物残渣、雑草、緑肥などを鋤き込めば、土中堆肥となる。

■**使用している購入有機肥料**■

　有機農業に切り替えて10数年は、堆肥とボカシ肥料づくりに追われた。そこで小型のショベルを購入し、いまも活躍している。それでも、面積が増えてくると、肝心の作物づくりに手がまわらなくなった。そのころから有機資材が多く出回り始めたので、自家製と組み合わせて使用している。

①堆肥

以前は畜産農家の厩肥（畜糞堆肥）が中心だったが、近年は大型の堆肥場で十分に攪拌・発酵させた、良質で使いやすい堆肥が多くある。糞尿分があまり多くなく、もみ殻など植物性原料が多いものを選ぶ。

②有機グアノ

以前は、リン酸の補給に骨粉を使用していた。現在はリン酸・ミネラル補給として、古代海洋生物の堆積物である有機グアノ（東南アジア産リン(P)27％）を使用している。

③有機アグレット

有機肥料のみを混合してペレットにしてあり、使用が楽なので、追肥などに重宝している（窒素(N)6・P6・カリ(K)6）。

④海藻ボカシコンブ

ミネラルを補給する。

⑤鶏糞

鶏を多く飼っていたころは、鶏糞主体の土づくりだったが、現在は野菜にはほとんど使用していない。ただし、市販の鶏糞は乾燥がよく、ペレット状になっており、適度に使えば経済的でもある。そこで、病気の心配が少なく、窒素分を多く必要とするコムギやナタネの一部に使用している。また、新たに借りた畑が痩せ地の場合、堆肥とともに使用するときもある。

なお、石灰分のみの肥料は使っていない。pHを調べると5〜6だが、時期を選べば酸性土壌を好まないホウレンソウがどの畑でもよくできるので、石灰による矯正は必要ない。石灰より、堆肥と有機物の使用を心がけたい。

■ **施用方法と量** ■

全層施肥としている。労力があれば、溝施用も有効だ。施肥してすぐ土と混入するのが、微生物を生かすコツである。カルシウム補給のため石灰や貝ガラ粉を10aあたり20〜40kg使用することもある。

施肥量は畑の状態と作物によって、まったく違う。前作が多肥の場合は無肥料の場合もあるだろう。その見極めが大切だ。一般的な施用量は次のとおりである。

堆肥　10aあたり2000kg前後

有機ボカシ肥料、有機肥料　10aあたり60〜150kg

なお、有機グアノや海藻ボカシコンブなどは、記載されている基準量を参考にする。

表2に主な堆肥や有機質肥料の原料や成分などを示してあるので、参考にしてほしい。

表2 有機質肥料の原料、成分、施肥窒素利用率

堆肥や有機質肥料等の種類	原料	3要素含有率（乾物%） 窒素	リン酸	カリ	施肥窒素利用率（%）
化学肥料（CDUS555）	CDU、燐加安	15.8	15.4	16.5	80
牛ふん堆肥①	牛ふん、オガクズ	2.7	5.0	3.1	13
牛ふん堆肥②	牛ふん、食品残さ、オガクズ	2.4	4.4	3.2	14
発酵鶏ふん①	鶏ふん	3.6	4.7	3.1	21
発酵鶏ふん②	鶏ふん、木質系材料	2.6	7.2	2.9	9
豚ぷん堆肥①	豚ぷん、オガクズ	3.5	5.9	3.1	12
豚ぷん堆肥②	豚ぷん、オガクズ	2.9	4.6	3.1	9
ナタネ粕	同左	7.0	3.0	1.9	44
ダイズ粕	同左	8.3	1.7	2.9	50
魚粕	同左	9.2	10.8	0.4	55
米ぬか	同左	2.8	5.8	2.5	13
ぼかし肥料①（市販）	動物粕、油粕、乾燥菌体	7.5	6.8	3.2	55
ぼかし肥料②（自作）	米ぬか、ナタネ粕、魚粕	6.1	8.3	2.1	40
有機アグレット	パーム灰、毛粉、魚粕、ナタネ粕	6.9	7.2	6.2	64
ともだち643（発酵系）	パーム灰、毛粉、魚粕、ナタネ粕	6.4	5.6	3.3	41

（注）施肥窒素利用率は、小松菜をポット（1/5000a）栽培し、その窒素吸収量から算出。
（出典）福島県農業総合センターの2007年の試験成績。

3　輪作・緑肥・適期適作

■**多品目栽培による輪作**■

水田は夏に水を湛えて地力を保ち、病害虫を減らし、連作を可能にする。一方、畑で連作をすると、同じ病害虫が増えたり、土の栄養分が偏ってバランスが悪くなる。野菜の大産地では同じ作物をつくり続けているため、産地が衰退したり、農薬や化学肥料の多投によって維持せざるを得ないという状況も耳にする。

同じ畑に同じ科の野菜をつくり続けずに、いろいろな野菜を組み合わせて作付けすることを輪作という。畑では、輪作が水田における水の役割をすると言われている。

有機農業では、とくに多品目栽培による輪作が重要になる。以下、野菜を科ごとに分類し、それぞれの輪作年限（連作障害を防ぐために、間隔を空けたほうがよい期間）や注意点をあげた。これらをよく覚えて、同じ科の野菜の連作を避けよう。

【ナス科】
▶主な作物
ナス、トマト、ピーマン、ジャガイモ
▶輪作年限
ナス・トマト・ピーマンは3〜5年、ジャガイモは2〜3年。

【ウリ科】
▶主な作物
キュウリ、カボチャ、スイカ，メロン
▶輪作年限
キュウリ・カボチャは2〜3年、スイカ・メロンは5年。

【アブラナ科】
▶主な作物
キャベツ類、白菜、小松菜、大根、カブ
▶輪作年限
2〜3年。小松菜・大根・カブは連作可能だが、2年連作したら交代する。

【アカザ科】
▶主な作物名
ホウレンソウ
▶輪作年限
土づくりしだいで連作可能だが、1〜2年続けたら交代するのがよい。

【キク科】
▶主な作物名
レタス、シュンギク、ゴボウ

図2 わが家の主な輪作体系

作　　目				留意点と効果
キュウリ (5〜8月) →	ホウレンソウ (9〜10月) →	サヤエンドウ グリーンピース (11〜6月) →	実とりインゲン (6〜11月)	ネット、支柱の利用
カボチャ (5〜8月) →	秋野菜 (9〜12月) →	ジャガイモ (4〜8月) →	ホウレンソウ (9〜12月)	カボチャのつると敷きわらで有機物補充
タマネギ ニンニク (10〜6月) →	大根・カブ (9〜12月) 人参　　(8〜2月) 夏秋キュウリ(6〜9月) →	春ホウレンソウ (3〜5月) ホウレンソウ (9〜3月)		タマネギの後地は少肥で肌がよくなる 病虫害少ない
トウモロコシ 枝豆 (5〜8月) →	キャベツ・白菜 (8〜12月) →	春レタス (3〜5月)		トウモロコシの後は窒素不足に注意
夏ネギ (4〜8月) →	大根 (9〜12月) →	ジャガイモ (4〜8月)		病虫害少ない
冬ネギ (6〜2月) →	カブ・人参 (3〜6月) →	キビ・エゴマ (6〜11月)		病虫害少ない

▶輪作年限
1〜2年。ゴボウは3〜4年。

【ユリ科】
▶主な作物名
タマネギ、ネギ、ニラ、ニンニク、ラッキョウ
▶輪作年限
2〜3年。ユリ科以外の作物と輪作すれば、お互いの病虫害を減らすのに役立つ。

【セリ科】
▶主な作物名
人参

▶輪作年限
連作可能だが、2〜3年続けたら交代するのがよい。

【サトイモ科】
▶主な作物名
サトイモ
▶輪作年限
3〜4年。

【ヒルガオ科】
▶主な作物名
サツマイモ
▶輪作年限
連作で味がよくなるが、2〜3年続

けたら交代するのがよい。

【イネ科】
▶主な作物名
トウモロコシ、アワ、ヒエ
▶輪作年限
連作可能だが、地力の消耗が激しい。1～2年続けたら交代するのがよい。

【マメ科】
▶主な作物名
サヤインゲン、サヤエンドウ、枝豆
▶輪作年限
サヤインゲン、サヤエンドウは3～4年、枝豆は1～2年。

■緑肥と雑穀■

輪作とともに重要になるのが緑肥だ。深根性のエンバク、ライムギやソルゴーは、適期に鋤き込めば粗大有機物となり、病虫害を減らし、土と作物を元気にする。マメ科の緑肥(レンゲやヘアリーベッチなど)は深く根を伸ばして養分を地表に集め、空中からの窒素分も取り込む。どちらも活用したい。

さらに、キビ、アワ、エゴマも輪作に加えれば、生産と有機物補給が両立できる。

■適地適作、適期適作、適肥適作■

土地と地域に合った作物を選ぶとともに、無農薬栽培では時期の選択(旬の野菜をつくる)が重要となる。病気や虫と競争しないことが大切だ。とくにキャベツ、白菜、大根、人参、レタス、カブ、青菜類は、春はできるだけ早く、秋はやや遅く播いて、虫の害を避ける。ただし、春に早く播く場合は寒さの害があるので、ベタ掛け資材(パオパオなど)を活用する。

そして、病気や虫を防ぐ最大のコツは、作物を栄養過剰(肥満)にも栄養不足(栄養失調)にもせず、いかに健全に育てるかである。とくに、果菜類のように毎日収穫する野菜は栄養補給(追肥)が大切となる。

タマネギの後地にできた無肥料の人参

4　苗づくり──苗半作・苗7分作

　東北地方でも3月は種播きの最盛期だ。根菜類や青菜類を除けば、ほとんどの野菜は苗を育てて植え付ける。

　苗づくりでは、まずよい種子を選び、適期に播種し、よい床土と適切な管理でよい苗を育てる。そして、その苗の勢いで、本畑で病気や虫に負けない野菜づくりを行うことが、有機農業ではとくに重要となる。よい床土づくりが苗づくりの決め手だ。年間を通じて、早めに準備しておきたい。

■私の種播きの時期■

　育苗箱に播くものと、畑に播くものがある。詳細は第2章以下を参照。

　◆2〜3月　夏野菜(ナス、トマト、ピーマンなど)、ネギ、レタス類、キャベツ、ブロッコリー、カリフラワー

　◆3〜4月　ホウレンソウ、大根、カブ、小松菜、シュンギク、シソ

　◆4月　夏野菜(キュウリ、スイカ、カボチャ)、トウモロコシ、枝豆、サヤインゲン、ツルムラサキ、モロヘイヤ

　◆6月　夏秋キュウリ、サヤインゲン、大豆、小豆

　◆7月　キャベツ、ブロッコリー、カリフラワー

　◆8月◆レタス類、白菜

　◆9月　タマネギ、ネギ、キャベツ、大根、ホウレンソウ、カブ、小松菜など青菜類

　◆10月末〜11月初　サヤエンドウ、スナップエンドウ、グリーンピース、ホウレンソウ、小麦

■床土づくり■

　よい床土とは、通気性がよく、保肥力と保水力があり、排水もよく、保温性に富む土とされている。この条件を満たすために良質の堆肥を入れなければならない。1年ほど前から土と堆肥を交互に積んでおこう。私は良質の堆肥を準備し、即製床土をつくって使用している。

即製床土の材料とつくり方

　①堆肥──3分の1

　良質の落ち葉堆肥が理想。つくり方は17・18ページ参照。

　②山土──3分の1

　病虫害のおそれがなく、雑草の種子を含まない山土や、砕けば細かくなる水田の土を選ぶ。粘土質が強いときは川砂を20〜30％混合する。

　③燻炭(焼きもみ殻)──3分の1

　通気性をよくし、冬は保温性を高めるため、野菜の根が燻炭にからみつ

く。つくり方は 17 ページ参照。

④ボカシ肥料か有機肥料──約 3％

栄養分として用い、ナスやピーマンには多めに混入する。ボカシ肥料のつくり方は 18・19 ページ参照。

これらの材料を積み重ね、ロータリーやスコップでよく混ぜる。雨にあたらないように、また乾燥しないように、農業用倉庫など室内で、シートで覆って保存する。

■温床づくり──踏み込み電熱温床■

露地栽培でも、夏野菜の苗づくりは、ハウス内での温床利用が絶対条件となる。電熱温床も可能だが、私は堆肥から出る熱を利用して苗を育てる踏み込み温床と電熱温床を併用した、踏み込み電熱温床で育てている。温床づくりは、播種の 1 週間前までに行う。

踏み込み温床には、すべて自然の材料を使用するエコ 100％という利点がある。しかも、苗づくりの終了後に堆積すれば、翌年の床土のための良質な堆肥として利用できる。欠点は、温度差が生じやすく、長期の温度維持が難しいことだ。一方、電熱温床は設置が簡単で温度調節しやすいが、冬期ゆえ電気料金が高くなる。

そこで、両者の併用によって、それぞれの長所を生かしている。

また、温床から外に熱が逃げないようにする工夫が大切となる。以前はわらで周囲を囲っていた。現在は古畳を半分に切って使っている。畳の断熱効果は抜群だ。

温床づくりの実際

【播種床】

設置は半地下式が一般的。半分に切った古い畳を並べ、その中に図 3 のように材料を積んでいく（写真①②）。

材料は、わら、鶏糞、米ぬか。米ぬかは温度上昇が早い。落ち葉は温度上昇に時間を要するが、持続性がある。それゆえ、両者を組み合わせるのがよい（図 3）。電熱と併用すると乾きやすいので、水分を多めにする。

図 3　播種床と移植床の材料の積み方

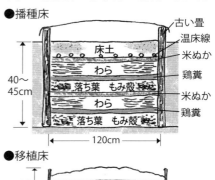

温床線は1坪用と2坪用があるので、苗の必要量により決める。線は絶対に重ならないように張る。間隔は、周辺部は狭く8〜10cm、中央部は広く12〜15cm（写真③。温床線がわかりづらいので、白く線を入れた）。

その後、床土を入れる。育苗箱に床土を入れて並べると便利（写真④）。

床土に十分水をかけ、ポリマルチをして温度上昇を図り、種播きを待つ。

【移植床】

暖かくなり、苗が活着すれば、加温は必要ない。面積が広いので、下にわらを10〜15cm並べ、米ぬか、もみ殻で平らにして、温床線を張る。そこに床土（ポット）を並べ、灌水後、ポリマルチをして移植を待つ。

写真で見る温床づくり

①半分に切った畳を地面に埋め込む（半地下状になっている）

②図3のように材料を積んでいく。

③温床線を重ならないように張る。周辺部は狭く、中心部は広く。

④育苗箱に床土を入れて並べ、水をかけたあと、ポリマルチをかぶせる。

5　有機・無農薬栽培の基本──作物づくりの心と実践 17 カ条

①野菜づくりは土づくり

土づくりが健康な作物づくりにつながる。土づくりは堆肥づくり。

②苗半作・7分作

苗づくりは非常に大切。よい床土を用い、過保護にせず、ひとり立ちできるように、やさしくも厳しく育てよう。よい床土は、肥沃で、保水力があると同時に、排水と通気性がよい。

③春の巣立ち（移植と定植）

春は、人間も苗も野の鳥も巣立ちの時。移植とは、わがままで自由に生きたいという太い根を切り、ひとり立ちできる細くも強い根をたくさん出させること。切れば大きなストレスがともなう。そのストレスを和らげるのも親の役目だ。

④下枝は切れ、切らねば親木は育たない

林業家の言葉である。果菜類などの適切な整枝は、風通しをよくし、病虫害を減らし、良果をとるために行う。ただし、枝を切ることはストレスなので、一度に多く切らず、肥培管理にも配慮する。

⑤省力・小力

広い面積を平気でこなす人もいれば、狭い面積でも「忙しい、忙しい」と言う人もいる。たしかに、野菜づくりには手間がかかる。作物の生理を知り、ポイントをつかんで、手をかけねばならないところは手をかけながら、手の抜けるところは徹底して省力することが大切だ。適切な機械・器具の利用も省力につながる。

⑥適地適作

適地でも連作は避け、輪作を心がけよう。

⑦適期適作

有機栽培ではとくに重要。虫や病気と競争しないため、少ない時期に育てる。春は早く、秋はやや遅く播く。

⑧適肥適作

肥満にも栄養失調にもしない。果菜類は毎日子どもを生み育てるので栄養補給が大事だが、元肥のみ多くすると作物が吸収しきれず、偏った養分が蓄積されて、人間の肥満のような状態になり、よい子どもを育てられない。栄養成長期より生殖生長期を重視し、やや貧しい体で、よい子どもをたくさん育てよう。

＊作物は生育段階で二つに分けられる。芽を出して自分の体を大きくする栄養生長期と、花芽ができて子孫を残そうとする生殖生長期だ。白菜やキャベツは栄養生長期のみを利用し、果菜類は生殖生長期に花や実がたくさんつくように管理する。

⑨輪作

水田は、夏に水を湛えることにより病原菌を減らし、地力の消耗を少なくして、連作を可能にしていると言われる。水田における水の役割は、畑では輪作にあたる。多品目生産が基本。

同じ科の作物を知り、性質の違う作物を組み合わせよう。雑穀や麦類も入れると、さらによい。

　ナス科…ナス、トマト、ピーマン、ジャガイモ
　ウリ科…キュウリ、カボチャ、スイカ
　アブラナ科…キャベツ、白菜、小松菜、大根、カブ
　アカザ科…ホウレンソウ
　キク科…レタス、シュンギク、ゴボウ
　ユリ科…タマネギ、ネギ、ニンニク
　セリ科…人参
　イネ科…トウモロコシ、ムギ、キビ
　マメ科…サヤインゲン、エンドウ豆、枝豆
　連作の害が少ない野菜（2〜3作で交代）
　カボチャ、青菜類、タマネギ、大根、サツマイモ
　連作を嫌う野菜
　ナス、キュウリ、トマト、サヤインゲン、エンドウ豆、スイカ、ゴボウ
　中間の作物
　トウモロコシ、ホウレンソウ、ネギ、人参、イモ類、ムギ類

⑩緑肥

緑肥を利用すれば、畑で土づくりができる。粗大有機物の補給、栄養分の補給、土の構造改善、肥満になった畑の過剰栄養分吸収による改善など、緑肥には多くの働きがある。

ムギ類やマメ類のほか、雑草や牧草も利用して、草の発生を防ぐために、種子が実る前に鋤き込もう。

⑪酸性

酸性土壌は石灰などアルカリ肥料を施すと矯正されるが、堆肥など有機質肥料の施肥でも改善される。石灰だけを大量に施さず、堆肥も一緒に施そう。

ホウレンソウはとくに酸性を嫌い、ジャガイモや大根はやや酸性を好む。

⑫貯蔵

長く食べ続けるための技術。やや遅めに播き、完熟ではなく八分結球にす

る。完熟すると、すぐ食べれば味はよいが、貯蔵中に傷みやすくなる。生育の８分程度なら貯蔵中に結球が進み、鮮度がよく、美味しく食べられる。また、越冬して貯蔵するときは冬どり用品種を選ぶ。

大根、人参、ゴボウ…畑に穴を掘って埋める

白菜…屋内か畑の１ヵ所に集め、わらで覆う

サツマイモ、サトイモ…掘ってすぐに寒さにあてず、ハウス内に穴を掘って、もみ殻で覆う。ネズミの害の多いときは、いずれも周囲を波トタンなどで囲う。

⑬自家採取

画一的品種から自分の土地に合った種子を採る楽しみを見いだそう。雑穀、ネギ、マメ類などは採りやすい。アブラナ科作物は交雑しやすいので、気をつけよう。

⑭作物における花の役割

花は子孫を残す重要な役割を担っている。ナスやキュウリなどの果菜類、イネやムギのように花が咲かないと実がとれない作物もあれば、大根やホウレンソウのように花が咲くと人間にとっては困る作物もある。品種によっ

て、管理や肥料の与え方も違う。まずは作物の特性を知ることが大切だ。

春播きの大根、人参、ホウレンソウ、白菜などは、幼苗期に寒さにあうと花芽ができ、育たない。この場合は晩抽性（とう立ちが遅い）品種を選ぶようにしよう。

⑮技術は盗め

真似するだけでは相手のものでしかない。自分のものにする度量を持とう。よい技術や精神を継承し、発展させることを心がけたい。

⑯失敗を繰り返す者のたわごと

人生にも農業にも失敗はつきものだ。自分の失敗を棚に上げて、他人・天候・条件・指導のせいにするのではなく、自らを振り返って原因を悟り、よりよき成長へ前進する気持ちを持とう。そのためにも、天候や条件に左右されない土づくりを行い、技術を身につけよう。

⑰自給に不作なし——農地を守る

家庭、地域、国の自給を目指す。ただし、農民の力だけで農地を守るには限界がある。食べる人と手を結び、多くの作物を組み合わせてつくり、食べる人とともに農地を守ろう。

第2章　実を食べる野菜

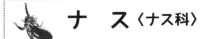
ナス〈ナス科〉

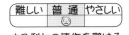

ナス科との連作を避ける

1 特　性

　原産地はインド東部で、中国を経て平安時代に日本に渡来したという。自家受粉で、自然交雑はきわめて少ない自殖性植物で、栽培しやすい。地域で好まれる品種の選択を繰り返すなかで多様な品種が生まれ、生活にとけこんでいった。

　各地にさまざまな品種があり、料理に漬け物に、それぞれの食文化を形成してきた。一方で、異なる品種を交配した一代交配種（一代雑種、F1）は野菜では一番早く大正時代に手がけられ、新しい品種が生まれ、画一的になりつつある。それでも、ローカル色豊かな昔からある品種が残っている。

2 品　種

　各地の主な品種は、九州の大長ナス、大阪の水ナス、京都の加茂ナス、中部地方の中長ナス、関東地方の卵形ナス、新潟・東北地方の巾着ナス（丸ナス）、仙台長ナス、山形の民田ナスなど。地域に独特のよい品種があれば、大事に生かそう。私は次の品種を栽培している。

　千両２号…くろべえ（中長ナス）。卵型で、つくりやすく、輸送に向く。
　陽光丸ナス…巾着ナス。着花数は少ないが、煮物や油炒めに最適。
　真仙中長…仙台長ナス。皮が柔らかく、漬け物用。
　くろわし…米ナス。250～300gになり、揚げても焼いても美味しい。

3 栽　培

　高温性で、根が縦に土中深く入るので、夏作に適している。土質はそれほど選ばず、どんな土でも育つが、長期どりなので、粘土質のほうが多収。また、深耕と有機質多用による土づくりが絶対条件となる。

■作　型■

　育苗日数が長く、70～85日を要するので、早熟栽培（トンネル栽培）で２月15日、一般栽培で３月10日播種としている。寒い時期の播種となるので、温床育苗が必要になる（26・27ページ参照）。

■播　種■

　温めた育苗箱に５～６cmの床土を入れ、6cm幅に浅い溝をつけ、3mm間

私の栽培スケジュール

作型＼月	2	3	4	5	6	7	8	9	10
トンネル栽培	○	△	□	▲	////	////	////	////	////
一般栽培		○	△	□ ▲	////	////	////	////	////

○播種、△移植、□ずらし、▲トンネル被覆、▲定植、////収穫。

隔に筋播きする。浅く覆土したら十分に灌水し、新聞紙を掛けて乾燥を防ごう（芽が出始めたら、取り除く）。

ハウス内の温度は日中30℃を目安とし、温床の温度（床温）は25℃前後とする。高温を好むが、種子は変温性であるため、床温が30℃以上の状態が続くと芽が出ない。温床の温度が30℃より下がってから播く。

■ **トンネル掛け** ■

寒い時期は、播種後に竹やトンネル用支柱を50cm間隔で挿し、ビニールや農ポリ（農業用ポリエチレンフィルム）をトンネル型に掛けて保温する。このとき2枚使うと、天井部での換気（温度管理）が楽になる。日中は温度が上がるので覆いを開けて調節し、夕方以降は古い保温マットやコモ（荒く織ったむしろ）でトンネルの上を覆う。

畑の場合は、風あたりの弱い畑を選ぶ。防風対策としては、芽が出るまでは、トンネルの開閉をできるだけ少なくして乾燥を防ごう。

5～7日で芽が出る。発芽後は、夕方には床土の表面が乾くように、水やりは午前中に終える。夜の冷えを防ぐため、夕方は早めに保温マットやコモで覆い、20℃を確保しよう。

■ **移　植** ■

播種後30～40日、本葉3～4枚のころ、12cmのポリ鉢などに移植する。

移植のポイント

①早すぎず、遅れないようにする。

②移植間近になったら播種床の温度を15℃に下げ、床土を乾燥気味にする。

③移植床にポットを並べたら十分に水をかけ、白ポリマルチをして、地温をできるだけ高めておき、2～3日後に移植する（ポリマルチをはがしながら植える）。

④晴れた日の11時ごろから始め、15時ごろまでには終え、すぐ農ポリでトンネルをして、トンネル内を夜ま

3月のハウス内の苗床の様子。ナスやピーマンとともに、春レタス、キャベツ、ブロッコリー、ネギなどが育っている

でよく温める。

⑤移植後、強い直射日光は禁物。保温マットやコモで覆い、しおれないようにする。

⑥低温で日光が弱いときは、温床線に通電して床土を温める。

活着するまでは、移植の大きなストレスを和らげるように管理し、活着したら過保護にならないように育てる。

■ずらし■

定植10日ほど前になり、葉が混み合ったときは、ずらし(隣の苗との距離が開くように、苗をずらして置き直す)をして株間を広げる。また、肥料切れのときは早めに有機肥料(粒)や有機液肥を施す。

■土づくり■

長期に生育・収穫するので、土づくりの重要性は言うまでもない。堆肥は全面散布でもよいが、溝肥は大きな生育効果がある。溝を50〜60cmに掘

効果が高いナスの溝肥

り、粗大有機物(ヨシ、カヤ、柴、小枝、わらなど)を入れ、その上に堆肥と有機肥料を入れて埋め戻す(左下写真)。

畑は水はけのよいところを選ぼう。30cm前後の高畝にすると、よい結果が得られる。

元肥(1aあたり)
- 堆肥　300kg前後
- ボカシ肥料か有機肥料　30〜40kg
- ミネラル肥料　10〜15kg

■定　植■

早く収穫するので、トンネル栽培は5月上旬、一般栽培は晩霜の心配のなくなる5月20日ごろに行う。除草と地温上昇を図るため、黒ポリマルチをするのもよい。家庭菜園では、畝間120cm、株間60cmでよいが、本格的な栽培では、畝間2m、株間80〜90cmに広くする。

苗は本葉6〜7枚、花房が見えたころが適期。苗に十分に水をやり、浅植えとし、風害を防ぐため定植と同時に仮支柱を立てて、ひもで結わえる。敷わらは、地温が上がる6月下旬からしっかり行おう。乾燥を防ぎ、真夏の高温から根を守る。

■整　枝■

一番花の前後から強い側枝が出るの

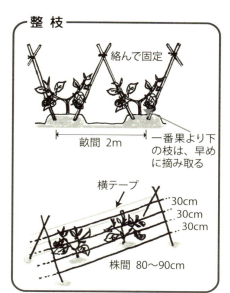

で、主枝と側枝3～4本仕立てとし、それより下の側枝は早めに摘み取る。本支柱は、長さ2.5m前後の竹やパイプを用いて2m間隔に立て、30cm間隔に横テープを張って枝を誘引する。内側の混み合う枝は、整枝、剪定して枝の更新を図り、長期どりに備える。

■追 肥■

長期どりなので、二番果収穫後から15日ごとに3～4回追肥する。1aあたりボカシ肥料など有機肥料5～10kgが目安。乾燥が激しいときは、水分補給の効果が大きい。

■輪 作■

連作は避ける。ナス科の作物の後は、3～5年は作付けしない。また、テントウムシダマシの被害が増えるので、ジャガイモを栽培する畑の近くには作付けしない。

次のような輪作の例が挙げられる。
①ナス―キュウリ―ホウレンソウ
②ナス―トウモロコシ―秋野菜
③長ネギ―ナス―キャベツ

■病虫害対策■

窒素過剰や風通しが悪いと、アブラムシが発生する。初期の防除が大切。ストチュー(つくり方は147ページ参照)の散布、石けん水で洗い落とす、牛乳散布(賞味期限切れでもよい)で窒息させるなどの方法と、株間にバジルを植えて虫を寄せ付けないなどの方法を組み合わせる。バジルは4月上・中旬ごろポットに種播きすれば簡単。食用も兼ねて植えると楽しみ。また、樹に勢いがつけば、負けないで育つ。

根の青枯れ病や半身萎凋病は、致命傷となる。土づくりと輪作で防げないときは、接ぎ木苗を用いるとよい。

■防風対策■

ナスの実は柔らかいので、風で傷がつきやすい。そこで、防風ネットを張るか、まわりにソルゴー(イネ科の飼料作物、緑肥作物)を作付けする。ソルゴーは益虫の棲み処をつくるのにも役立つ(39ページ参照)。

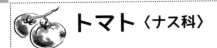

トマト〈ナス科〉

雨よけ栽培を取り入れよう

1 特性

原産地の定説は南米アンデスの高地。高温と乾燥、石ころだらけの痩せ地が故郷と言われる。日本には観賞用として17世紀後半に渡来したが、野菜としての栽培が始まったのは明治時代である。当時は赤ナスと呼ばれ、一般の人びとは食べず、作付面積も少なかった。昭和以降に栽培が広がったという。

現在は品種改良が進み、フルーツ感覚と栄養価の高さが相まって栽培も消費も大きく伸びた。高温を好むが、ナスやピーマンより低温に強い。一方、多湿には弱い。光を多く必要とし、生育適温は日中22～25℃、夜13～15℃。

2 品種

新しい品種はハウス栽培用に改良されているので、私は露地栽培主体に作出された古い品種を主に用いる。強力米寿2号、福健を主体に、近年は桃太郎8も試作している。

強力米寿2号…生育旺盛で、つくりやすく、露地栽培向き。

福健…つくりやすく、トマト本来の味。

桃太郎8…桃太郎シリーズの中では病気に強く、夏秋栽培に向く。

中玉トマトとミニトマトは病気に強く、自家用にも販売用にもよい。おすすめは、中玉がつくりやすいレッドオーレ、ミニ(小玉)が良質のさくら。

3 栽培

ジャガイモ、ナス、ピーマンなどナス科の作物との連作は避ける。少なくとも3年、できれば5年以上は空けて作付けしたい。

原産地が示すように乾燥地を好むので、日本の多湿の気候では病気対策が決め手になる。輪作、元肥窒素の減肥、通風、整枝、雨よけ栽培といった適切な管理で、安全で美味しいトマトをとろう。

■播種■

露地栽培では、晩霜がおりなくなるころの60～70日前が播種適期。

3月10～15日——温床播種
4月10～15日——ポット移植
5月10～15日——定植(第一花が咲き始めたころ)

播種床は地温20～25℃とし、気温は30℃以上にしない。発芽がそろったら気温を下げ、換気を十分にして、徒長しないように管理する。ナスやピーマンより低温育苗でよいので、私は2月に播いたレタスやキャベツの温床を利用している。

　育苗箱に4～5cmの床土を入れ、6cm間隔に筋播きする。ナスやピーマンより窒素分を20～30％控え、燻炭や川砂を多めにして、排水のよい床土を使う。発芽後は午前中に灌水を終え、夜間は表面が乾くようにする。

■移　植■

　本葉2～3枚ごろ、播種1カ月後くらい（4月中旬）に行う。したがって、ハウス内なら、電熱温床ではなく冷床でよい。

　10.5～12cmのポットに土を入れ、並べたら十分に灌水して、ポリマルチを掛ける。晴天の日に2～3日、十分に床土を温めてから、ポリマルチをとって移植すれば、楽に活着して育つ。

　活着までは、太陽の光線の強いときの日覆いや夜の防寒対策を行う。これは、他の果菜類の育苗と変わらない。

■土づくり■

　初期生育を旺盛にすると必ず茎が太くなり、過繁茂となって病気に弱くなるので、堆肥の質に十分に注意する。厩肥が多く、よく発酵していない堆肥の使用は避ける。稲わら、落ち葉、もみ殻主体の低窒素分の堆肥を多量に入れ、土の通気性と排水性をよくしたい。

　元肥（1aあたり）

🧄有機グアノ（リン酸）、海藻ボカシ（ミネラル）　10～15kg

🧄窒素分　ゼロ

＊痩せ地の場合はボカシ肥料か有機肥料を10kg前後。

■定　植■

　定植適期の苗は、一番房の花が一つか二つ咲き始めるころ。若苗は栄養生長が旺盛になり、つるボケしやすい。

　また、育苗中に徒長しやすい。長く伸びた苗は、深く植えるのではなく、

私の栽培スケジュール

○播種、△移植、▲定植、▲雨よけ、収穫。

横に寝かせるように植え付けたトマトの苗。丸で囲った地面に近い茎の部分から根が出る（愛農会の畑）

トマトのわき芽かき

横に寝かせて植える（写真参照）。植えられた茎から根を出し、根量が多くなり、好結果が得られる。

そして、実の日焼けを防ぐ目的や収穫時の利便性を考えて、花が咲く方向を北側など一方向に向けて植える。栽植距離は、畝間150cm、株間50〜60cmとし、必ず20〜30cmの高畝とする。

■管 理■

支柱は通風や管理などから直立が理想だが、風の心配があるときは合掌とする。定植後すぐに支柱を立てて結ばないと、風の被害を受ける。

一般的には主幹一本仕立てなので、葉と茎の間に出てくるわき芽（側枝）は必ず早め（5cm以内）に手で摘み取る。風通しをよくして、病気を防ぐのに効果がある。ハサミを使って切り取ると病気が伝染する場合があるので、手で摘み取ろう。取った部分がすぐ乾くように、晴天の日に行うこと。

敷きわら（草）は乾燥と泥のはね上がりを防いで病気の侵入を防ぐので、必ず梅雨前に実施する。

追肥は一番果がピンポン球くらいの大きさになったときから、ほぼ10日おきに施す。量は1aあたり、ボカシ肥料か有機肥料を7〜8kg程度。実が次々と大きくなり、栄養をたくさん必要とするので、樹勢を見ながら遅れないように施そう。

■茎の太さ■

無農薬栽培では、いかに病気に強い体質をつくるかが重要だ。茎がおとなの親指の太さでは、太りすぎで病気に弱くなる。小指くらいの太さがよい。初期はみすぼらしく見えるが、一段目の実を確実に着果させる。貧乏人の子だくさんに育てよう。

■雨よけ栽培■

私は露地栽培にこだわってきたので、梅雨、酷暑、秋雨と続く日本の風土では、ときに全滅したり収穫期間がごく短くなったりと、苦労してきた。それでも、元肥減肥(窒素分ゼロ)と雨よけ栽培によって、現在では安定した収穫ができている。

雨よけは、6月10日ごろに設ける。前年に栽培したキュウリのパイプ支柱とネットをそのまま利用している。天井部分を覆うビニールは、水稲のプール育苗に用いた、幅230cm、厚さ0.07mmの農ポリを使う。

支柱に農ポリをパッカーで留め、ところどころ両側に杭などを打ち、ビニールひもでくくりつける。中央にはパイプを通す。

■病虫害予防■

ナス科の作物と連作しない。トマト

畑の近くに、ジャガイモは作付けしない。そして、初期生育を旺盛にしない土づくりが基本。基本ができていてこそ、ストチュウなどの利用も生きる。

他の果菜類に比べると、育苗は楽で、初期に病気に負けない体質にすれば、思ったより丈夫に育つ。ぜひ、安全で美味しいトマトづくりに挑戦しよう。

ナスやキュウリのように、まわりにソルゴーを植えて、風よけと益虫の棲み処とするのもよい。ただし、風通しをよくし、日当たりが悪くならないように気をつける。

キュウリ〈ウリ科〉

1 特 性

栄養的にはそれほど高くないが、ビタミンAとCを多く含み、カリウムと相まって、とかく酸性体質になりやすい現代人に好まれる。血液を正常にするほか、利尿効果がある。

私が子どものころは、現在の数倍も大きくして収穫し、取り残して黄色くなったなかから次年度の種子用に形がよいものを選んだ。熟すると黄色くなるのでキウリ(黄瓜)と呼ばれたとも言われる。

果菜類では比較的低温に耐え、生育適温は18～25℃、10℃で生育が止まる。高温には弱く、30℃以上で根が弱り、35℃以上になるとつるの先端が日焼けすることもある。

原産地のヒマラヤ山麓は極端な温度差が少なく、湿気が多い。そのため、水分を多く必要とするが、過湿には弱い。根は浅く広く伸びる。主枝の節ごとに成る節成り型と、子づるや孫づるになる側枝型がある。また、単為結果*で実を結ぶ。

*雄花の花粉がなくとも雌花のみで結実する現象。

2 品 種

現在200種以上あり、ほとんどが一代交配種。昔から各地にある品種を生かせればと思うが、収量と商品性の面で差があり、私も一代交配種を使用している。病気に弱いので、耐病性品種を選ぶのがよい。また、ナスやトマトのような長期どりは難しいので、2～3回に分けて播種する。

- つばさ…耐病性品種で、つくりやすい。樹勢が強いので、元肥は多くせず、追肥を小まめにする。
- マイルドターキー…小葉で、すっきりした草姿。省力栽培ができ、病気に強い。樹の枯れあがりが遅く、長期どりできる。
- バテシラズ…病気に強く、つくりやすいが、品種にばらつきが出る。

3 栽 培

■作 型■

①露地早熟栽培(トンネル栽培)

おすすめ品種は、つばさ、マイルドターキー。

4月5～10日に温床に播種し、15～20日に移植。定植は5月上旬。収

穫は6月中旬〜8月中旬。霜や風の害を受けやすいので、トンネル被覆が必要となる。トンネルをしないときは播種・定植を10日ほど遅くする。

②夏秋栽培

おすすめ品種は、つばさ、マイルドターキー、フロンティア。

6月20日ごろに播種し、7月10日ごろに定植、収穫は8〜9月。畑へのじか播きでもよい。

③秋どり栽培

霜しらずなどの地這いキュウリもよい。

7月初旬にじか播きし、収穫は9〜10月。ただし、収量が少ないので栽培面積は狭くする。

■播　種■

じか播きは桃の花が咲くころとされてきたが、現在はビニールや温床の力を利用して早播きも可能になった。育苗日数は短い。春は30〜35日、夏は20日前後の若苗定植。

露地早熟栽培は温床を利用し、床温は22〜25℃前後、発芽後は20℃以下にする。床土の良否や温度管理に気をつけないと立ち枯れや徒長苗となるので、注意しよう。

育苗箱に3〜5cmの床土を入れ、5cm×2cm間隔に播種し、覆土後は軽く灌水して新聞紙で覆う。3〜4日後に発芽し始めたら新聞紙を取り、じょうろでぬるま湯をかけてやると発芽がそろう。発芽後は、床土の表面がやや乾燥するように水分を控える。

■移　植■

ウリ科の野菜は種播きと同時に移植床の準備をしなければならない。発芽後、子葉が展開し、本葉が出る前が移植適期。移植に弱いが、このころは地上部より根の勢いが強いため、植え痛みが少ない。

移植前は播種床の温度を18℃くらいに下げ、移植床はそれより3〜5℃高くし、水分も多めにする。新しい環境を以前より良好にして、ストレスを和らげることが大切だ。

12cmのポットを並べて十分に灌水したあと、ポリマルチを掛けて地温を

私の栽培スケジュール

作型＼月	4	5	6	7	8	9	10
露地早熟栽培	○ △	▲ ■	収穫	収穫	収穫		
夏秋栽培			○ ▲■		収穫	収穫	
秋どり栽培				○　■		収穫	収穫

○播種、△移植、▲定植、🔺トンネル被覆、■中耕、▨収穫。

ポットに移植されたキュウリ

30℃以上に上げよう。活着後は床温を20℃前後に下げ、ハウス内の温度は25℃より上げず、水分も少なくしないと、徒長してしまう。

■土づくり■

地力と保水力があり、排水もよい畑が理想的。堆肥など有機物の多投が絶対条件となるので、早めに土づくりを行う必要がある。

肥料は元肥に窒素分が多すぎるとつるボケして軟弱になり、病気に弱くなる。また、収量が多いので、肥切れや栄養失調になりやすく、病気に対する抵抗性も弱くなる。そのため、土づくりとともに適切な追肥が欠かせない。

元肥（1aあたり）
- 堆肥　200〜300kg
- ボカシ肥料か有機肥料　30〜40kg
- ミネラル肥料　10〜15kg

■定　植■

苗が本葉3〜4枚に育ったら行う。

本葉が2葉ごろから花芽分化が始まり、定植苗は10以上の雌花が分化している。そこに育苗の大切さがあり、健全な苗で収量を確保したい。

トンネル栽培は、植える3〜5日前にポリマルチをして地温を上げる。夏秋栽培はポリマルチをせずに、定植後すぐに敷きわら（草）をするとよい。敷きわら（草）は雨による泥のはね上がりを防ぐのに役立つ。また、畝間の敷きわら（草）は乾燥を防ぎ、根を守るのに有効だ。

■植栽間隔と支柱■

病気予防の点からも植え付け幅は広くし、株間は60〜80cm。

支柱は定植前後に立てると、誘引が早くできる。竹でもよいが、パイプ支柱を2m間隔に立て、ビニールひもなどでつないでネットを張れば、通風がよく、収穫も楽で、良品がとれる。

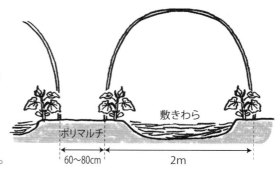

■整　枝■

　生長が早く、定植後まもなく雌花が咲く。だが、下枝からそのまま収穫すると、良果が少なく、寿命が短く、病気にも弱くなる。

　地上から30cmまで(8〜10節)は、実も側枝も取り除き、樹の生長を促し、株元の通風をよくすることが、病気予防にも良果生産にも欠かせない。また、1.2mくらいまでの子づるは1〜2節で摘芯(実を大きくするために、新しく伸びた茎や枝などを摘み取る)する。

　その後は放任でよい。ただし、枯れ葉、混み合う枝、不良果は、早めに摘み取ろう。通風と日当たりをよくして、長期どりしたい。

■ソルゴーの囲い込み栽培■

　風による被害が心配される。葉が大きく柔らかく、実も傷つきやすいので、防風ネットを張る効果が大きい。近年は、ソルゴーでキュウリのほ場を囲い込むことによって防風効果を得ると同時に、益虫の棲み処をつくる栽培方法が普及してきた。多くの益虫が寄ってきて、キュウリを病害虫から守るのに役立つ。

　ソルゴーはキュウリから1〜1.5m離して播く。ただし、5月下旬ごろから播き始めるので、十分に生長するまでは防風効果は期待できない。トンネル栽培を行う場合は防風ネットを張る必要がある。

■管理と輪作■

　根は浅く、横に張るため、中耕は収穫が始まる前に終える。できれば、株

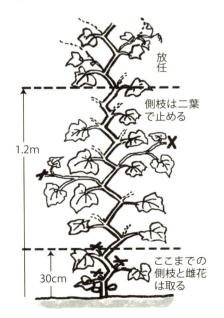

表　ソルゴーに棲み拠をつくる土着天敵

天　敵　名	害虫名
ハダニバエの幼虫 カブリダニ ハネカクシの一種	ハダニ
アブラバチ テントウムシ類 (ヒメノコテントウ、ナミテントウ) ヒラタアブなど	アブラムシ
クモ類 ハナカメムシ	アザミウマ

(注)福島県二本松市(安達農業改良普及所)調査、2006年10月4日。

元に堆肥を入れての土寄せが最高。水分と肥料を多く必要とするので、表面に完熟堆肥を入れることで、水分保持と栄養補給に役立つ。そして、土寄せ後は敷きわら（草）を十分にして、乾燥と泥のはね上がりを防ぐことが大切。

もともと地を這う性質が強いから、支柱やネットに早めにつるを結んで、風や台風に備えよう。

次のような輪作の例が挙げられる。
①タマネギ、ニンニク－キュウリ－ホウレンソウ
②キュウリ－エンドウ豆－インゲン

■夏秋栽培の工夫■

私はニンニクやタマネギの後作に栽培している。夏なので、野菜の茎葉や雑草をそのまま鋤き込むとすぐにアンモニアガスが出て、苗に害を与えてしまう。そこで、鋤き込まず外に出して、定植後に株元や畝間に敷いている。

また、育苗期間が短いので、移植はせず、10.5cmのポットに直接播き、定植する。じか播きでもよい。

元肥は施さず、追肥で育てる。堆肥も鋤き込まず、植え付け後に表面に施す。追肥は、収穫を始めた2～3週間後から10日ごとに、ボカシ肥料か有機肥料を1aあたり10kg前後施す。

■ネギとの混植■

現在ほとんどのキュウリは、接木栽培によるブルームレス（果皮を覆う白い粉がない）だ。私は接木せずに、自根のブルームキュウリをつくっている。ただし、生育中に立枯病になりやすい。その防止のために、キュウリの定植時に、ネギの苗を一緒に植えている。双方の根が絡むことによって、予防効果があると言われている。

■病虫害対策■

梅雨期と秋雨の間に酷暑があり、台風も加わって、無農薬栽培は気が抜けない。収穫が朝と夕方の2回必要となるほど収量が多いので、土づくりと追肥を適確にし、整枝や摘葉などきめ細かな管理と輪作を重視することが大切だ。ストチュー（つくり方は147ページ参照）の散布も役立つ。

■収　穫■

良果を多くとるためには、朝と夕方1日2回収穫する。重さの目安は1本100g前後。ただし、曲がりや先細りは、早目に摘み取ろう。こうして枝葉の管理をよくすると、「これ本当に無農薬？」と消費者の驚く声が出るほどの良品が多くとれる。

ピーマン〈ナス科〉

難しい｜普通｜やさしい☺

多肥を要す

1　特　性

トウガラシの仲間で、南米の熱帯が原産。16世紀にコロンブスによってヨーロッパに渡り、辛い品種と辛くない品種との分化が進んだ。辛くない品種で大型がピーマン、小型がシシトウ（シシトウガラシ）と呼ばれる。

日本には明治時代にアメリカから導入されたが、一般には見向きもされなかった。しかし、ビタミンAとCを多く含み、熱を加えてもビタミンCは失われない。また、生でよし、炒めてよし、焼いてよし。そのため、第二次世界大戦後の食生活の西洋化と相まって、1960年代前半から大躍進した。

果菜類のなかでは、病害虫に強く、つくりやすい。高温を好み、湿地を嫌うので、肥沃で排水の良好な畑を選ぶ。収穫期間は約4カ月と長い。つくりやすく、軽いので、遊休地利用、老人や女性の労力活用に向く。そのため、東北地方でも近年、作付面積が増えている。

2　品　種

以前はアメリカより導入されたカリフォルニアワンダーが代名詞だったが、花芽も収量も少ない。現在は一代交配種の品種改良が進み、多収穫品種が数多い。私は主に、みおぎとエースを育てている。

　みおぎ…肉質が柔らかく、長方形。良質で多収だが、高温期に陽焼けすることもある。

　エース…肉厚でベル型。つくりやすく多収で、家庭菜園にも好まれる。

なお、カラーピーマンは雨にあたると病気が発生しやすいため、露地での無農薬栽培は難しい。

3　栽　培

■作　型■

育苗日数が長く、高温を好むので、ナスと同時に育苗している。播種は2月中旬。露地でも早くから長く収穫するには、温床育苗とする。

■播　種■

床土づくりは1月に始める。育苗箱に5〜7cmの床土を入れ、30℃に温めたら、3cm幅に溝をつける。

0.8〜1cm間隔に播き、覆土したら、灌水して新聞紙を掛ける。

第2章　実を食べる野菜 ― 45

私の栽培スケジュール

| 2 | 3 | 4 | 5 | 6 | 7 | 8 | 9 | 10 | (月) |

○播種、△移植、□ずらし、▲定植、▲ネット張り、▨収穫。7〜9月：追肥。

　発芽までは、床温・気温とも25〜30℃と高温ぎみにする。寒い時期なので、とくに夜の防寒には十分気をつけよう。5〜7日ほどで発芽する。芽が出始めたら新聞紙を取り、ぬるま湯をかけると、発芽がそろう。

■育　苗■

　高温を好み、徒長は少ない。発芽後は床温20〜25℃、気温20〜30℃を目安に育てる。移植やずらしはナスに準じる。

　生長旺盛で長期育苗となるので、肥料切れに注意しよう。床土の肥料も多めにして、肥料切れしそうなときは有機肥料を床土の上から施すか、有機液肥を施す。

■土づくり■

　肥沃地を好む。排水不良の心配があるときは、必ず30cm前後の高畝とする。根はとくに通気性と保水性を要求するので、必ず良質堆肥を多く用いる。

　元肥（1aあたり）
　🧄 堆肥　200〜300kg
　🧄 ボカシ肥料か有機肥料　30kg前後
　🧄 ミネラル肥料　10〜15kg

　早めに施し、耕起する。地温の上昇と雑草防除を目的に、黒ポリマルチを掛けるのが一般的。溝を掘って堆肥や粗大有機物を入れたり、植え穴の下を30〜40cm掘って堆肥を入れるのも、きわめて有効だ。

■定　植■

　露地栽培では、地温が上がり、晩霜の心配がなくなってから定植する。早植えしたいときは、トンネル栽培か、肥料袋などで覆って防寒する。また、

定植間近のピーマンの苗。一番花が咲いている。

©武田章

ピーマンの枝を支えるためにネットを張ったところ（写真はネットを強調している）

酸素を多く必要とするので、根はやや浅植えとし、風で折れないように支柱を立てて結わえる。

栽植距離は、畝間1.5m、株間70cm前後。これより狭いと、よく生育したときに混み合い、収穫に苦労する。一番果は樹を育てるため、やや小さいうちに収穫したい。

■追肥と敷きわら■

長期の収穫となるので、良果を得るためには追肥が重要。収穫最盛期の7月中旬から10日ごとに5～6回、ボカシや有機肥料を1aあたり5～10kg施す。敷きわら（草）は泥のはね上がりを防ぎ、病気を予防し、夏の暑さと乾燥を防ぐ。梅雨前に必ず実施してほしい。私は6月中旬に行っている。

■整　枝■

一番果の下から出る側枝は摘み取り、その前後から出る強い側枝と主枝を伸ばす3～4本仕立てとする。その後は、あまりに枝葉が混み合うときは整枝するが、一般的には放任とする。

ただし、枝がもろく、大雨や台風では折れてしまうので、支えが必要となる。ナスのように支柱を立ててもよいが、ピーマンネット（フラワーネットと同じようなもので、25cm角）を枝の下に張ると、枝を守ることができる。

■病虫害予防■

果菜類のなかでは病虫害は少ないが、次の点には注意しよう。

①ジャガイモ畑の近くには作付けしない。虫が寄ってくるし、病気が発生しやすい。

②ナス、トマト、ジャガイモなどナス科とは連作しない。3～5年は空ける。

③降雨後に水たまりができる畑では、排水対策を万全にする。最初から30cm前後の高畝にするのが最善。

④シンクイムシが発生しやすい。枝の先端がしおれたら発生している。早めに見つけて退治しよう。株元に入ると致命傷になる。根元はきれいにして、風通しをよくし、虫や病気の発生を防ぐ。シンクイムシによる穴を見つけたら、細めの針金を差し込んで殺す。

シシトウとトウガラシ 〈ナス科〉

病虫害が少ない

1 特性

　系統選抜をされたシシトウ（シシトウガラシ）は辛くない。ただし、たまに辛いものが混ざっていて、「これは当たった！」と言いながら食べるのも楽しい。外観では、まったく見分けがつかない。

　トウガラシはピーマンと違って辛み成分のカプサイシンを含み、古くから料理のスパイス、漢方薬の原料、防腐・殺菌剤として世界中で用いられてきた。原産は中南米で、コロンブスによって持ち帰られ、ヨーロッパ、東南アジアはじめ世界中に広がったという。日本には16世紀にポルトガルや中国から伝わり、広まったようだ。

2 品種

　シシトウ…東京ししとう。
　トウガラシ…辛いものに、鷹の爪や八ツ房とうがらしがある。

3 栽培

　シシトウの栽培はピーマンとまったく同じ。株はピーマンより小さいので、栽植距離はやや狭くする。仕立て方は、収穫が楽な主枝1本仕立てもあるが、一般的にはピーマンに準じる。

　トウガラシの栽培もピーマンと同じ。早くから収穫したいときは、温床に播種する。4月上旬に播いて、葉を食べる場合もある。葉にはカルシウムや鉄、ビタミンCが多く含まれ、つくだ煮などにする。私はストチューの原料としても重宝している（作り方は147ページ参照）。

　また、簡単に自家採種できる。ただし、ピーマンやシシトウの近くに植えると交雑して辛みが少なくなる。

　トウガラシの一種にパプリカがあり、辛みはない。ハウス栽培が一般的だが、近年は露地栽培可能なカラーピーマンが作出されたので、栽培してみた。ただし、露地では色づくまでに時間がかかるため病気になりやすく、多湿の年はよくできない。雨よけ栽培が必要なようだ。栽培は、ピーマンと同じ。

カボチャ〈ウリ科〉

難しい｜普通｜やさしい
間隔を広く植える

1 特 性

いかにも純日本的な気がするが、日本古来のものではない。原産はアメリカ大陸とされ、3000～4000年前から食用としていたことが遺跡の出土品から確認されているそうだ。古代アメリカ大陸の三大作物はトウモロコシ・インゲン・カボチャと言われるが、トウモロコシより古くから栽培されていた。大量の果肉とともに、大きな種子は脂肪質とタンパク質を多く含み、貴重な保存食であったとも思われる。

日本への渡来は16世紀なかば。カンボジアから漂着したポルトガル人が献上した品種が広まったとされている。カンボジアがなまって「カボチャ」の名がつき、日本カボチャの誕生となったと言われる。一方、西洋カボチャは文久3年(1863年)にアメリカから導入された。明治時代になって数多くの品種が北海道開拓などとともに入り、各地に広まったという。

2 品 種

大別して3つに分類される。
日本カボチャ…チリメン、菊座、黒皮など
西洋カボチャ…栗カボチャ(黒皮甘栗南瓜)、デリシャス、坊ちゃん、伯爵など
ペポカボチャ…飼料用ナンキン、ソーメンカボチャなど

昭和20年代までは各地・各家に伝わる品種の種子を採り、栽培が続けられてきた。昭和30年代に入って、「東京南瓜」と呼ばれた芳香青皮栗(西洋カボチャ)が、日本中に広まっていく(宮城県小牛田町(現・美里町)の渡辺顕二氏が1934年(昭和9年)に作出した日本カボチャと西洋カボチャの交配種)。

その後、えびす系のように青色が濃く、縦じま模様の種類が台頭した。最近は、古くから守られてきた品種が直売所などで人気を得て復活しつつあり、うれしい。

【私が作付けする主な品種】
錦芳香…えびす系の先駆となった古い品種。味がよく、着果も優れているが、肥料が多すぎるとつるボケになりやすい。
伯爵…皮が白く、美味しく、貯蔵性抜群。大きくなりすぎるので、肥料は控えめにしよう。
坊ちゃんかぼちゃ…200～500gの

私の栽培スケジュール

作型＼月	3	4	5	6	7	8	9	10	品種
トンネル栽培	○	△□	▲ ▲		▨▨▨	▨▨			錦芳香 坊ちゃん
普通露地栽培		○	△	▲		▨▨▨	▨▨		錦芳香 坊ちゃん
抑制栽培				○ ○	△		▨▨▨	▨▨ 貯蔵	伯爵

○播種、△移植、□ずらし、▲定植、▨収穫。

ミニカボチャ。扱いやすく、小家族でも食べ切れ、味もよい。樹勢が強く、肥料は一般品種より20％多く欲する。

3 栽 培

■作 型■

冷害の夏でも、カボチャやジャガイモは豊作で美味しい。南の瓜と書くが、登熟する際の冷涼な気候で味がよくなる。北海道のカボチャも美味い。私は早く収穫できるトンネル栽培を主にして、暑くなる前の6月末から美味しい一番果を収穫するようにしている。

また、「冬至南瓜」と言われるように、冬期も味がよく貯蔵できる抑制栽培（生長と収穫を遅くする栽培方法）を、自給用にも出荷用にも、ぜひ取り入れたい。

■播 種■

トンネル栽培は3月中旬なので、温床育苗とする。発芽までは地温25℃前後にして、発芽をそろえる。発芽後は、徒長しないように18℃前後とする。私はナスの播種床を利用している。

育苗箱に5cmほど床土を入れ、温めてから、6cm×3cm角に播く。種子の窪みに水分がたまって腐るのを防ぐため、水平に置かず、横に立てて播く。覆土後は水をやり、新聞紙を掛ける。

6月中〜下旬に播く抑制栽培では、ポットに直接播いて手間を省き、育苗日数を短くしている。

■土づくり■

元肥（1aあたり）
- 堆肥　200kg
- 米ぬか　20kg

前作が多肥栽培（白菜、キャベツ、ホウレンソウなど）のときはこれで十分。痩せ地や雑穀の後などは、さらにボカシ肥料や有機肥料を1aあたり10〜15kg施す。

追肥は、一番果がソフトボール大に

なったころ、草勢を見て施す場合もある。つるボケにならないよう、最初は控えめに、窒素分の少ない堆肥を用いる。

　私はトンネル栽培の収穫が終わる8月中旬に、つるや雑草、敷きわらをそのままトラクターで鋤き込む。粗大有機物の大量鋤き込みは、土づくりに役立つ。

■移　植■

　双葉が展開したら直ちに行う。移植に弱いウリ科も、この時期は植え傷みが少ない。播種後はすぐに移植床の準備をして、12cmポットに土を詰め、並べて温めておく。

　活着をよくするコツは、播種床より移植床の条件を整えることに尽きる。発芽したら温度は15℃前後まで下げ、水分はできるだけ減らす。温床の温度が高いときは外に出す。

　活着したら、徒長を防ぐため低温育苗とする。ただし、霜が降りるような寒い夜は防寒マットなどで十分保温する。

■ずらし■

　トンネル栽培では、寒さや霜の害から守るため、育苗日数を約40日と長くする。そのため、必ずずらしを定植の10日前に行い、株間を15cm程度に広くして、徒長を防ぐ。

　花芽分化は本葉2枚のころから始まる。育苗で大事にしすぎると、一番果の着果が遅れる。また、あまりに低温になると、株元に花芽がたくさんつき、小さい実が成りすぎる。どちらも注意しよう。

■定　植■

　トンネル栽培では4月下旬～5月上旬、天気がよく風の弱い日を選ぶ。ポリマルチを掛けて地温を高めておき、苗と植え穴に十分に水をやり、植え付けたらすぐにトンネルを掛ける。トンネル栽培は霜と風との闘いでもある。

　新しいビニールや農ポリは、日中は高温になるが、夜の保温効果は低く、霜の害も受けやすい。私は古い農ポリ（幅200～230cm）を大事に何年も使っている。すそをしっかり土で押さえ、換気用に30cm間隔に直径5cmほどの穴を開ける。5月下旬、風のない日を選んでトンネルを除去し、敷きわらをして収穫を待つ。

■整枝と植栽間隔■

　1本仕立て～4本仕立て、放任と数多くあり、それぞれ植栽間隔が異なる。私は忙しい時期と重なるため整枝

がきちんとできず、放任に近い栽培なので、3m×75cmを目安としている。あまりに混み合うときは、着果した節から出る強い側枝を摘み取る。

■輪　作■

連作もできるが、2～3年の輪作とするのがよい。収穫後、トラクターで2～3回耕して、秋野菜を作付けすることが多い。次のような輪作の例が挙げられる。

①カボチャ―秋野菜（白菜、小松菜など）―ネギ、タマネギ

②人参―カボチャ―秋野菜

■収　穫■

着果後35～40日で完熟する。最初は青い果梗（成りづる）に、30日を過ぎると白いひび割れが入る。さらに広がってコルク状になるころが、40日前後。収穫が遅れると種子に養分をとられ、味が落ちる。早すぎず、遅すぎず、完熟適期に収穫しよう。

■病虫害予防■

カボチャづくりを本格的に始めて40年。カボチャほど無農薬栽培に適した作物はないと思ってきた。しかし、野菜づくりの古い産地では、つるや実が腐る疫病が発生しているという話を聞く。私の畑や近所の自家用の畑でも、2000年ごろから疫病に悩まされている。収穫するまでは、何の症状もないのに、収穫して1～2日すると腐れが出て、食べられなくなるのだ。

対策は、何よりも健康に育てること。連作を避け、窒素過剰にせず、ミネラルを供給する（有機グアノ、海藻ボカシなど）。

また、坊ちゃんカボチャでは、品質を高めるためにネット栽培が行われてきたが、カボチャの実を土に触れさせない空中栽培も有効。私は前年のキュウリやインゲンネットに這わせて一部栽培している（写真）。

アブラムシは坊ちゃんカボチャに発生しやすい。そのままにしておくと広がって大打撃となるので、初期に防除する。それほど広がっていないうちは牛乳をそのまま散布し、広がったときは海水の300倍液を洗い流すように散布する。

坊ちゃんかぼちゃの空中栽培

エンドウ豆〈マメ科〉

難しい｜普通｜やさしい
連作の害が多い

1 特 性

マメと言えば日本では大豆だが、ヨーロッパではエンドウ豆。原産は中央アジアから中東とされ、ヨーロッパでは紀元前から栽培されていた。早くよりアジアにも伝えられ、アメリカ大陸発見後に世界に広がっていく。

イギリスの有名な民話『ジャックとマメの木』の「マメ」は、エンドウ豆であろう。また、遺伝の基礎を解明した「メンデルの法則」は、エンドウ豆の栽培をとおして発見されたという。

若い豆やサヤごとを食べるので、豆の栄養(タンパク質や脂肪)と野菜の栄養(ビタミンや食物繊維)を多く含む。新鮮な青いエンドウ豆は神経を和らげる働きも多いと言われる。

2 品 種

①サヤエンドウ

若いサヤを食べる。三度豆と呼ぶ地方もある。一年に三度作付けできるのでこの名があるように、適応性が広い。一般的なのは秋播き。私は大ザヤ(赤花)のゆうさやと、小さくて品質のよい絹さやを作付けしている。最近は収穫作業が楽な大ザヤ種が増えている。

②グリーンピース

青い実を食べる。冷凍して一年中食べられるので需要が多い。主な品種は久留米豊。

③スナップ(スナック)エンドウ

実が入ってもサヤが柔らかく、実もサヤも食べられる兼用種で、近年人気がある。私は寒さに強いスナック753を作付けしている。

④空豆

サヤが空を向くので空豆と呼ばれる。サヤがカイコの形に似ているので、蚕豆とも表記されてきた。その他の呼び名も多い。日本では奈良時代からつくられてきた。栄養が高く、豆が大きく、実の収量が多い。冷害時に貴重な豆だった。品種には仁徳一寸などがある。収穫期が他のエンドウ豆と重なるので、現在栽培を休んでいる。

3 栽 培

■播 種■

幼苗期に寒さにあて、よい花芽をつくる必要がある。ただし、早く播いて大きくなりすぎると寒さに弱くなるし、遅すぎると寒さで成長が阻害される。地域の適期を知っておこう。

第2章 実を食べる野菜

私の栽培スケジュール

作目＼月	10	11	12	1	2	3	4	5	6
サヤエンドウ	○—○						▲	////	////
グリーンピース	○—○						▲	////	////
スナップエンドウ	○—○						▲	////	////

○播種、▲支柱立て、//// 収穫。

　二本松市では10月末〜11月上旬が播き時。寒さで傷んだり、野鳥に葉を食べられて欠株が出たりするので、春早くから、補植用にハウスでポット苗を育てておく。ポットに直接2〜3粒播き、芽が出たら保温せずに育てて、畑が乾いたら植える。生育適温は10〜20℃。

■土づくり■

　生育期間が長く、収穫期には多くのサヤがつき、養分も水分もたくさん要求するので、土づくりをしっかりしておく。

　元肥(1aあたり)
- 堆肥　200kg
- 有機肥料　15kg前後
- ミネラル肥料　10kg

　私は果菜類の後地は無肥料で栽培している。前作の状態を知り、加減しよう。サヤエンドウやスナップエンドウは連続収穫なので、生育を見て追肥が必要になる。目安は1aあたり有機肥料10kg。肥沃地を好むグリーンピースの追肥は、花が咲く前に終える。

■畦幅と株間■

　つる性で2mくらいまで伸びるので、畦幅は1.5〜1.8mと広くする。株間は15cmとして、1カ所に2〜3粒播き、2本仕立てとする。ウリ科との相性がよいので、私はサヤエンドウの前後作にキュウリを組み合わせることが多い。そのため、キュウリの支柱とネットを利用する関係で、畦幅はキュウリと同じにしている。

■寒さ対策■

　幼苗で冬を越さねばならないので、苗を寒さから守るため、北側に土寄せをする。支柱がない畑では寒冷紗で覆うと、寒さや野鳥の害を防げる。寒さの厳しい地方では、やや遅播きにして覆いをするのも、健全に育てる方法だ。

　根は直根性で、冬の間も寒さに負けまいと懸命に根を張り、早春から枝葉を伸ばし、よい花と実をつけようとする。そこで、適期の直播きが、確実で

高い収量につながる。

■支柱と誘引■

収量が多く、品質がよい品種の多くはつる性なので、4月中旬に支柱を立てる必要がある。昔は1.5～2mの長さの竹や木の枝を落とさずに利用していたが、現在はネットを張るのが一般的になった。

ただし、ネットを張るだけでは、つるが弱く、上に伸びない。内側にも支柱を立て、つるが伸びるにしたがって30～40cm間隔にビニールテープを横に張り、つるが外に出ないように補助することが大切。

なお、空豆には支柱の必要はない。

■収　穫■

気温にもよるが、開花後、サヤエンドウは25日、スナップエンドウは30日、グリーンピースは40日が目安。適期収穫を行うことにより、美味しく長く収穫できる。

サヤエンドウは実が少し膨らんだころ、スナップエンドウは実が充実し、サヤが青いうちに収穫する。グリーンピースの適期は、実がさらに充実して、サヤの色が薄くなって表面がザラザラになったころ。空豆の適期は、サヤが垂れ下がり、表面がテカテカ光ってきたころ。

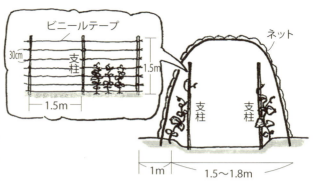

■病虫害予防■

連作をしなければ病虫害は少ないので、必ず4～5年は間隔を空けるように心がける。

収穫末期で高温になると、葉やサヤに白い粉が多くつくうどんこ病が多発する。また、収穫の早いサヤエンドウの近くにやや収穫の遅いグリーンピースを作付けすると病気が移行するため、なるべく離して作付けする。

収穫期が高温・乾燥期になると、期間が短く、収量も少なくなる。敷きわら（草）を十分にして乾燥を防ぎ、栄養をよく与えて吸収させよう。

インゲン〈マメ科〉

肥料、水分を適切に

1 特 性

　種類が多い。食べ方によって若いサヤを食べるサヤインゲンと完熟した実を食べるインゲン豆、つるの有無によってつるあり種とつるなし種に分けられる。サヤインゲンには、長さ10cmの品種から、3尺ササゲといわれる50～60cmになる品種まである。

　アメリカのインディアンは古くからトウモロコシの株間にインゲンを作付けし、貴重な食べ物だったという。日本には1654年に僧・隠元が中国から持ってきて栽培が広まったので、インゲンと呼ばれるようになったという。現在栽培されている品種のほとんどは、明治時代以降に導入された。

　つるなし種は収穫期が短く、収穫も大変なので、私はつるあり種のみ作付けしている。どこでも栽培できるが、やや冷涼地を好む。夏の高温期は開花しても受粉できずに実にならないことも多く、温度によって収穫量の差が大きい。

　インゲン豆は、黒豆や青豆とともに正月料理に欠かせない。栄養豊富で、美味しく、いろどりもさまざまで、楽しく食べられる。感光性で、早播きすると花が咲いても実がつかない。陽が短くなって、早く子孫を残そうという性質を利用して栽培する。

　豆類は自家受粉で、交雑はしない。いろいろな品種を一緒に作付けしても必ず同じ種子が採れるので、自家採種も容易だ。種子を一回入手すれば、毎年作付けできる。

2 品 種

(1) サヤインゲン

いちず…つるあり種。収量が多く、安定している。

ケンタッキーワンダー…つるあり種。古くから栽培され、つくりやすく、味もよい。派生した品種も多い。

モロッコ…つるあり種。サヤの幅が広く、サヤが完熟するとマメも食べられる、インゲン豆との兼用種。つくりやすく、収量が安定している。

さつきみどり…つるなし種。家庭菜園でも手軽に作付けできる。

(2) インゲン豆

　数多いが、私は次の品種を作付けしている。

私の栽培スケジュール

作型	月	4	5	6	7	8	9	10	
サヤインゲン	育苗早期栽培	○─○─▲ ▲─────■──▭▭▭▭▭▭							いちず
	普通栽培		○─○〜〜(■〜〜■)		▭▭▭▭▭▭▭▭				いちず
	抑制栽培				○─○〜(■〜■)	▭▭▭▭▭▭▭▭▭▭			いちず モロッコ
インゲン豆					○────■			▭▭▭▭▭	うずら豆 パンダ豆 花豆

○ 播種、▲ 定植、■ 中耕、▭ 収穫。

うずら豆…どこでも栽培でき、収量が安定し、うずら模様がきれい。

パンダ豆…白と黒のパンダ模様。たいへん美味でファンが多い。私は虎豆が最高と思っているが、二本松市ではよくできない。私にとってはパンダ豆が虎豆に代わる貴重な品種である。

花豆…紫と白があり、大きくて目立つ。ホクホクとし、食べて楽しい。

白インゲン豆…白い豆が欲しいという消費者は多い。ただし、天候が悪い年は、きれいな白色に熟さない。適期収穫も大事で、遅れないようにとる。

3 栽 培

(1) サヤインゲン

■作 型■

春から秋まで収穫するには、2〜3回に分けて播種する。

　①育苗早期栽培

　4月中〜下旬播き。10.5cmのポットに2粒播く。移植に弱いので、移植はせず、ハウスで無加温育苗とする。幼苗期の葉は霜に弱いし、ハウス内での強い直射日光に葉焼けを起こすこともある。定植は、寒さや霜の害がなくなる5月中旬以降とする。

　②普通栽培

　5月上旬〜6月上旬にじか播き(畝間2m、株間40cm)。

　③抑制栽培

　7月上〜下旬にじか播き。

■土づくり■

根の酸素要求度が高く、あまり丈夫ではない。長期どりするには土づくりが重要。乾燥にも弱い。初期生育が大事なので、排水の悪い畑は約40cmの高畦にする。

　元肥(1aあたり)

　🝆堆肥　200〜300kg

　🝆有機肥料かボカシ肥料　15kg前後
　　施用後に深耕する。なお、私はキュウリの後作とすることが多いので、元肥なしで作付けしている。収穫が始ま

ったら、10～15日ごとに有機肥料を5～10kg追肥する。

■播種と中耕■

株間は40cmとして2粒播く。

中耕は草丈25cmのころに行い、泥のはね上がりと乾燥を防ぐため、敷きわら（草）をしっかりとする。中耕は遅れると根を切り、生育に支障をきたし、逆効果となる。強風で葉や実が傷つく被害が多いので、防風ネットやソルゴーを播いて、風対策に気を配ろう。

■整枝と追肥■

2～3mの竹を合掌にしてつるを這わせるのもよい。面積が広い場合は、キュウリのようにネット栽培にすると管理・収穫が行いやすい。

他の果菜類のような整枝の労力は少ない。地上30cmまでの下葉と側枝を取り除いて風通しをよくすれば、あとは摘葉と収穫のみ。つるが繁茂すると風通しと採光が悪くなり、品質が落ち、長く収穫できない。混み合った葉、古い葉、病気の葉は早めに摘み取ろう。

また、夏季に長期間多収するためには、栄養分と水分の補給、乾燥防止が絶対条件となる。収穫最盛期には、ボカシ肥料か有機肥料を10日ごとに1aあたり約10kg施す。

■収　穫■

収穫が始まったら、必ず毎日行う。ケンタッキーワンダーやいちずはサヤ幅1cm以内（8mmがベスト）で収穫する。最盛期は玉すだれのようにたくさん成る。それゆえ、収穫が遅れると実に養分を取られて樹勢が極端に弱くなり、長期収穫できない。追肥を遅れないように施す。乾燥時の水分補給も有効。

葉物が少ない夏に、カロチン、ビタミンC、カルシウムを多く含み、和えてよし、煮込んでよし、炒めてよし。とり遅れて太くなった実がたくさんあるときは、よく煮込んで佃煮風にすると、美味しい。

■輪作体系（キュリネット利用）■

私は、支柱立ての労力を減らすため、キュウリやサヤエンドウとの輪作を心がけている。キュウリの後作に、サヤエンドウやグリーンピースを作付けし、その収穫後の6月末～7月上旬にサヤインゲン（抑制栽培）やインゲン豆を播き、9～10月に収穫する。4月～5月に播くサヤインゲン（育苗早期栽培）は、キュウリのネットを利用する。

次のような輪作の例が挙げられる。

①1年目キュウリ－2年目サヤインゲン－3年目サヤエンドウ、ホウレン

ソウ

②1年目キュウリ－2年目サヤエンドウ、サヤインゲン（抑制栽培）、3年目インゲン豆、タマネギ

■病虫害対策■

　肥料過多と風通しが悪いと、アブラムシが発生する。前作の残肥を考え、元肥は加減して早めに施し、土づくりを十分にしよう。アブラムシが発生したときは、早めにガムテープで粘着して取ったり、牛乳を散布したりして防ぐ。また、追肥を控える。

　ウイルス病になり、縮んで生育が止まった株は、早めに抜き取って捨てる。

　シンクイムシが多発することもある。気がついたら、早めに手で茎や実に入った虫をつぶそう。

　サビ病や疫病が発生する場合もあるが、連作しなければ大きな被害とはならない。3～4年は空けた輪作が基本。病気の葉は早めに摘み取る。

(2) インゲン豆

■播　種■

　6月20～25日が適期。寒い地方はそれより早く播き、暖かい地方は7月になってから播く。サヤインゲンと同じ間隔で2粒播きとする。

■土づくり■

　サヤインゲンと違って、肥料が多いとつるボケする。私はサヤエンドウやグリーンピースの後作として、無肥料で栽培している。

■支　柱■

　前年のキュウリやサヤエンドウのネットをそのまま利用する。暑い時期だから、生育旺盛で、つるがすぐに伸びるので、遅れないように支柱を立てよう。長めの竹を支柱にすると、つるが先までからみつくので、空間が広くなり、風通しがよいため、上質な豆が多くとれる。雑草さえ取れば、他の手入れは必要ない。

■収　穫■

　サヤに青みがなくなり、完熟すれば、収穫適期。10月初めより完熟した実から収穫し、ハウスなどで乾燥させて、サヤから豆を取り出す。

たくさん実ったパンダ豆。サヤの青みが抜け、白くなりながら完熟する

トウモロコシ〈イネ科〉

難しい｜普通｜やさしい

多肥を要す、虫と獣の害が多い

1 特 性

　主食に飼料にエネルギーにと、世界的に利用の範囲が広い。日本では、主に生食用のスイートコーンが野菜として栽培されている。原産はアメリカ大陸とされる。イギリスではインディアンコーンとも呼ばれて、アメリカ大陸からヨーロッパへの最大の贈り物とも言われる。

　生産量の多さ、つくりやすさで、その後100年を経たないうちに世界に広まった。日本には1600年前後にヨーロッパから持ち込まれ、各地の在来種となったとされている。

　高温性だが、真夏の高温期には受粉が悪くなり、実入りも悪くなることがある。また、雌雄異花(他花受粉)のため、自らの花粉では受粉できず、必ず他の株の花粉を必要とする。それゆえ、甘いスイートコーンの近くに在来種を作付けすると、交雑して甘みが少なくなる場合もある。

　美味しさから、獣やカラスの格好の餌食ともなるので、その対策を考えて作付けしよう。

2 品 種

　現在のスイートコーンは20世紀なかばに導入され、次々と甘さを競う品種が作付けされている。

- ゴールドラッシュ…人気の甘い品種。甘いだけに虫の害も多いようだ。
- バイカラーコーン…黄と白の実が混じっている。
- キャンベラ90…晩生種。早生、中生種と同時に播いて、収穫期をずらすことができる。
- アストロバンタム…成熟まで90日の晩生種。高温期の受精がよく、虫の害も少ない。遅播き用によい。

3 栽 培

■作 型■

　長期にわたって収穫するには、3〜4回に分けて播く。

①早期栽培

　4月中旬〜5月上旬播き。4月はポット育苗(スイートコーン専用で、根鉢10cm)とする。5月からは直播き。ただし、寒さに弱いので霜に注意しよ

う。
　②普通栽培
　5月中旬～6月上旬播き。
　③秋どり栽培
　6月末～7月上旬播き。

■土づくり■

　元肥（1aあたり）
◉堆肥　150～200kg
◉ボカシ肥料か有機肥料20～25kg

　多肥を必要とするので、良品をとるには肥沃地を選ぶ。追肥は生育を見て、草丈50～70cmになったころ、10kg前後を施し、中耕する。

■栽植距離■

　80cmの畦幅に株間40cmで2粒播き。家庭菜園では1列のみ長く植えている状態を見かけるが、短い畦にして2列以上とするのが良品をとるコツ。隣に花粉があるため、受精がよくなる。また、分けつした側枝は除去せず、放任してよい。

■鳥獣害対策■

　ハクビシン──私の畑では害がひどい。対策をしないと全滅の年も多く、周囲では作付けを断念する人も見られる。私はネットを張るか電気柵を設置して防いでいる。

　トウモロコシ畑のまわりにソルゴーを同時に播くと、収穫前にネットを張るころには丈夫に育つ。このソルゴーを支柱として、2mごとにネットを結び、ネットとソルゴーで二重防除している。ハクビシンは地際から侵入する場合が多いので、ネットはしっかり土で押さえる。

　また、ネットは強くきっちり張るより、たるみのあるくらいのほうが破られにくい。私は水田に放すアイガモの囲いに使ったネットを再利用している。キュウリネットで効果が高いという話も聞く。幼穂が出たら早めに張っ

私の栽培スケジュール

月	4	5	6	7	8	9	10	品　種
早期栽培	○○▲～▲			▨▨▨				ゴールドラッシュ バイカラーコーン
普通栽培			○～○		▨▨▨			バイカラーコーン キャンベラ90
秋どり栽培				○～○			▨▨	アストロバンタム キャンベラ90

○播種、▲定植、▨収穫。

て、相手にあきらめさせることも大切。畑で夜ラジオをつけておくのも、相手が音に慣れるまでは効果がある。

現在は電気柵の効果が高い。

カラス──トウモロコシの穂が育ってきたら、ミカンの小袋（7～8個入り）をかぶせるか、広告のチラシを実に巻いて結んでおくと効果的。ただし、手間はかかる。

■**病虫害対策**■

連作をしなければ病害の心配はほとんどない。できるだけ2年は空けよう。

次のような輪作の例が挙げられる。

①ナス－トウモロコシ（早期栽培）－キャベツ（秋播き）か白菜（夏播き）－キュウリ（夏秋栽培）－サヤインゲン（普通栽培）

②タマネギ－トウモロコシ（秋どり栽培）－小松菜かジャガイモか大根（秋播き）－レタス（春播き）

大きな問題は虫害。株が大きくなると、イネ科につく害虫アワノメイガやシンクイムシが茎や実に入って、好き放題に食い荒らす。幼虫は雄しべの先から茎に入ることが多いので、受粉が終わったら（実のヒゲの色が変わったころ）雄花を切り取って捨て、実を新聞紙などで帽子のようにすっぽり覆う

と、被害が少なくなる。

9月末～10月に収穫する秋どり栽培は、虫害が少ない。

■**土づくりの効果**■

獣や虫の害で良品の収穫が少なく、無農薬栽培では収益が少ない。とはいえ、多肥栽培の果菜類や葉菜類が目につく野菜栽培において、偏った畑の養分を吸収し、土を若返らせる、貴重なイネ科作物だ。根は地中深く入り、土の構造を変え、バランスよい土にしてくれる。

また、茎葉の量が莫大なので、有機質の補給に役立つ。私は収穫後すぐトラクターで鋤き込み、その後2～3回の耕運で腐熟を促し、秋野菜（キャベツ、白菜など）を作付けする。

ただし、生育中も吸肥力が強く、残さである茎葉の炭素率も高く、鋤き込んでから腐るのに多量の窒素分を土中から奪う。そのため、とくにキャベツ、白菜、ホウレンソウは、通常より2～3割多めに肥料を投入する必要がある。なお、大根は鋤き込まれたトウモロコシの根や茎葉が生長をじゃまして、股根が多くなる。すぐ後作に作付けするのは避けよう。

オクラ 〈アオイ科〉

| 難しい | 普通 | やさしい |

移植に弱いので直播きを

1 特性

原産はエチオピアとされ、エジプトでも2000年前から栽培されていたという。日本に普及したのは昭和50年代以降。直根性で、移植に弱い。病気は少ないが、根コブ病には弱い。連作を避け、2～3年の輪作をする。

刻むとぬめりや粘り気が出る。これは、ペクチンなどの植物繊維と、ムチンなどの糖を含むタンパク質が含まれているため。それゆえ便秘や動脈硬化の予防になり、夏バテ防止にも役立つ。

2 品種

八丈オクラ(丸ザヤ)…大きくなっても柔らかい。
五角オクラ…一般的品種で、草丈は低い。

3 栽培

■播種■

高温にならないと育たず、移植にも弱いので、二通りの播き方をしている。

①4月下旬～5月上旬、カボチャなどが空いた苗床に、9cmのポットに土を詰め、3～5粒ずつ播き、2～3週間後に定植する。

②ナス畑にポリマルチをして、ナスの定植と同時に、5月中～下旬にじか播き。種の皮が固く、発芽はよくないので、1穴4～5粒播き、2本仕立て。

なお、水に一昼夜浸してから播くと、発芽がよい。直立で側枝は出ないが、背が2mにもなるので、120cm×50cmの間隔とする。

■肥料■

長期収穫となるので、堆肥は十分に入れる。私はナス畑の近くで育て、ナスと同量の元肥を入れ、追肥も同じく15日ごとに3～4回施している。

■収穫■

サヤが6～8cmになったら、収穫する。管理はほとんど必要ない。収穫後の下葉は2～3枚残して切り取り、通風をよくしよう。茎は2mにも伸び、しっかりしている。収穫後そのままにして、下にサヤエンドウなどを播くと、支柱としても利用できる。

私の栽培スケジュール

作型＼月	4	5	6	7	8	9
定植	○―○	▲―▲	//////	//////	//////	
じか播き		○―○	//////	//////	//////	

○播種、▲定植、////収穫。

スイカ〈ウリ科〉

雨よけ、トンネル栽培でよく育つ

1 特　性

　果物なのか野菜なのかという論争を耳にすることもあるが、暑い夏にはスイカがよく似合う。原産は熱帯アフリカの砂漠地帯とされる。「水瓜」とも書かれるように、雨が降らないときほどよく育つ。果実は水分が90％以上、水代わりに夏の水分補給に最高で、砂漠地帯ではまさに天の恵みなのだ。

　アフリカ探検で名高いリビングストンが原種を発見したと言われる。文明の発達、交易の拡大とともに、エジプトからローマ、ギリシャを経て、インドや中央アジアの乾燥地帯に広がった。そしてシルクロードを経て中国に渡り、日本には15世紀ころに渡来したと言われる。一方で、南方から早い時期に海を越えてきたという説もある。

　栽培が広まったのは明治時代末期（それまでは食用にすることはまれだった）で、新しい品種が入ってきて品種改良が進んだ。昭和初期には一代交配種が作出され、急速に広まった。

　果肉の赤い色は主にリコピン系で、ビタミンは少ないが、利尿作用がある。腎臓病に特効があるとされ、古くから用いられてきた。種子を食用にする種類もあり、中国や東南アジアで広く食されている。

2 品　種

　私が主に栽培しているのは3品種。
　夏太鼓（大玉）…つくりやすく、美味しい。
　黄こだま、赤こだま…収穫の遅れに注意。

　近年、核家族化と冷蔵庫で冷やす便利さから小玉スイカが急伸中だが、大玉スイカの魅力も捨てがたい。

3 栽　培

　生育適温は20～35℃で、高温を好む。連作には非常に弱く、「8年以上は同じ畑につくるな」と言われてきた。できるだけ5年は空けて作付けしたい。現在はゆうがおなどに接ぎ木され、低温伸張性と連作を可能にしているが、私は自根で輪作している。

　「スイカは土でつくれ、カボチャは手でつくれ」と言われるように、新しい土地でよくできる。また、深耕と土づくりによるごく自然に近い栽培で、よく生育する。

私の栽培スケジュール

| 3 | 4 | 5 | 6 | 7 | 8 | (月) |

○播種、△移植、▲定植・トンネル掛け、■中耕、敷きわら、▧収穫。

■播　種■

じか播きは桃の花が咲くころ。キャップで保温する栽培方法もあるが、一般には温床で苗をつくる。

8月上旬からの収穫とするためには、3月末〜4月上旬播き。果菜類のなかでもっとも移植に弱い。ポリ鉢が普及する前は、稲刈り後の切り株を取って撒いたり、スギやヒノキなどを薄く削った経木で鉢をつくったりと、いろいろ工夫して育苗した。根は非常にデリケートなので、床土は早めに準備し、良質のものを使う。

育苗箱に5〜8cmの床土を入れ、温床に並べる。床温は25℃前後。種子の皮は硬いので、水分と温度を十分にして発芽をそろえる。間隔は5cm×3cmが目安。発芽すると、すぐ徒長するので、床温を20℃に下げ、換気を十分にして、移植に備える。

■移　植■

播種が終われば、キュウリと同じようにすぐに移植床の準備をする。芽を出し、双葉が開いたら、すぐに移植する。

床温は25℃にして、太陽の強い照射を防ぐ。活着したら、軟弱徒長にならないよう、日中が高温の際は換気を十分にする。水やりは午前中に終え、夕方には床土の表面が乾くようにして、夜の保温に配慮する。

■土づくり■

接ぎ木や技術の発達で連作も可能になったが、もともと非常に連作を嫌うので注意してほしい。30cm程度に深耕して、地中の新しい土に植えるのがベストだ。

根の活力を高めるために、堆肥はとくに重要。白菜、キャベツ、ホウレンソウなどの後地のような肥沃地では、家畜糞の混ざらない落ち葉、わら、もみ殻などが主体の、できるだけ窒素分の少ない堆肥を使う。

元肥が多いと、ともすれば初期に窒素過剰になり、着果が悪く、病気に弱くなる。元肥は米ぬかのみを早めに施し、土と混ぜておく。

元肥（1aあたり）

- 米ぬか　20kg前後
- ミネラル肥料　15〜20kg

■**定　植**■

　本葉4〜5枚、つるがやや出始め、十分気温が上がった5月20日以降としている。栽植距離は3m×90cm。地温は高いほうがよいので、緑色のポリマルチを掛ける（緑色を使うと草の発生が少ない）。

　乾燥地を好むので、日本の梅雨は大敵だ。それでも、トンネルをして、株元に雨が入らないようにすれば、思ったより病気に強い。トンネル栽培は、初期の寒さからも守ってくれる。換気のために、畝の両端を開け、トンネルの農ポリに直径約5cmの穴を30cm間隔に開けている。

　その後1カ月ほど経った6月下旬、トンネルの中がつるでいっぱいになったら、1m間隔に30cm×50cmの穴を空け、つるを外に出す。

　トンネルの農ポリの除去は梅雨が終わる7月中旬以降としている。このころはトンネルの上までつるが伸びていることが多いので、天井を切り裂いて開ける。なお、除去するのは収穫終了後でもよい。

　トンネル栽培によって、天候に左右されていたスイカづくりが安定した。

■**中　耕**■

　つるが30〜50cmに伸びた6月中旬ごろ、中耕して、わらを敷く。敷きわらは雑草を防ぎ、病気予防や乾燥防止にも役立つ。

■**管　理**■

　一般的には3〜4本仕立てとする。

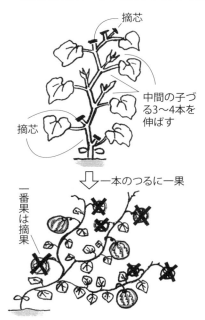

30cm間隔に直径5cmの穴

1m間隔に30cm×50cmの穴

親づるが30cm程度に伸びたとき、摘芯して元気な子づるを3～4本（小玉スイカは5本）伸ばす。1本のつるに一果採りが基本。株元着果は奇形になりやすいので、二番目に成った実を育てるのがよいだろう。

着果が確認され、実がテニスボールくらいのころ、残す果を決めたら、他を除去し、1本のつるに一果として栄養を充実させる。ただし、忙しい時期なので、株元に着果した実や、混み合う葉、つるを摘み取るだけでもよい。

■ 追 肥 ■

実がソフトボール大になったら、つるの先端に施肥する。つるとともに根も伸びるので、株元にやる必要はない。有機肥料やボカシを1aあたり5～8kgが目安だ、生育旺盛のときは必要ない。

■ 病虫害予防 ■

梅雨期に病気が多発する。トンネル栽培で良苗を育て、元肥を少なくし、株元に雨をあてず、敷きわらで泥のはね上がりを防ごう。

■ 収 穫 ■

収穫適期を外観で見分けるのはとても難しい。手でたたいて音の違いであ る程度は判断できるものの、完全ではない。着果した月日を記録しておき、積算温度1000℃を目安に、着果後35～40日で収穫するのが間違いない。

4　美味しく育てる秘訣

現代は砂糖や人工甘味料を大量に含んだ飲料があふれているが、暑い夏ほどおとなも子どもも美味しいスイカをたくさん食べて、自然の水分と甘さを十分に補給し、元気に過ごしたい。健全な食べ物による健康づくりに役立てるため、美味しいスイカづくりに取り組んでいこう。そのポイントを整理する。

①よい苗づくりと適期定植──あまり早く植えない

②土づくり──排水のよい畑を選び、深耕と適正施肥

③病気予防──梅雨期にトンネル被覆

④栄養過剰にしない──つるボケは実がつかず、病気に弱く、味が落ちる

⑤1株3～5個どり──株元の実は早めに除去し、一つるに一果として実を充実させる

⑥ウリ科の畑（とくにカボチャ）の近くには作付けしない──他の花粉と交雑させない

⑦適期収穫──着果月日を記し、着果後35～40日で収穫

メロン〈ウリ科〉

品種の特性を知ること

1 特性

ウリ科には、日常の食事に欠かせないキュウリ、漬物にしたり調理しなければ食べられないシロウリやニガウリ、熱い夏に欠かせないスイカ、甘く香りあるメロンとさまざまあり、私たちの食生活を支えている。

メロンの仲間は、表面に網目ができるネットメロン、網目がないノーネットメロン（露地メロン）に分かれる。それらを交配してプリンスメロンなど多種多様な品種が生み出され、覇を競って私たちを楽しませてくれている。

原産地は多くの説があり、ネットメロンの祖先はアフリカと言われる。古代エジプト時代から栽培され、クレオパトラの美貌はメロンによって保たれたという伝説もあるほどだ。

文明の発達とともに、ギリシャ、ローマ、ヨーロッパ各地へ広まり、15世紀にはイギリスに渡った。しかし、寒いイギリスでは露地では栽培できない。そこで、温室での栽培が始められ、品種改良が加えられていく。その結果、原種とは天と地ほどの差があるネットメロンが完成したとされる。

2 品種

(1) ネットメロン
春播き——アンデス系
秋採り——アールスナイト春秋系2号
(2) ノーネットメロン
マクワウリ
プリンスメロン

3 栽培

(1) ネットメロン

■糖度の蓄積と作型■

メロンの命は香りと糖度だが、ネットメロンは外観もともなわねばならない。適切な管理と熟期の気候、適期収穫が絶対条件となる。

含まれる糖には、蔗糖、ブドウ糖、果糖の3種類がある。なかでも、蔗糖が味を左右するほど多く含まれている。

プリンスメロンは実の生育全般に蔗糖が蓄積されるので、比較的安定した甘さが得られる。一方、ネットメロンは成熟期後半に急激に蔗糖が蓄積されるため、その時期の生育状態と天候に大きく左右されることが多い。夏の高

私の栽培スケジュール

	4	5	6	7	8	9	10	(月)
夏どり	○	▲	□		収穫			
秋どり			○	▲	□		収穫	

○ 播種、▲ 定植、□ 整枝交配、▨ 収穫。

温期は糖の蓄積も劣るし、昼と夜の温度差も必要なので、二本松市でのネットメロンづくりの最適期は、収穫が9月末から10月初めの品種（アールスナイト春秋系2号）である。この作型は育苗ハウス利用にも適している。

■播種・定植■

夏どり栽培の播種は4月上旬、育苗はキュウリやスイカと同時に行う。

秋どり栽培の播種は6月中旬なので、保温の必要はない。良質の床土を用いてポットに播き、徒長しないように管理し、本葉3〜4枚で定植する。

■土づくり■

連作を嫌う。接ぎ木によって連作する方法もあるが、メロン本来の美味しさを引き出すには自根栽培がよい。

元肥（1a あたり）

- 堆肥　200〜300kg
- 米ぬか　30kg
- ミネラル肥料　20kg

早めに耕起（深耕）し、整地しておく。

■整枝・交配■

病気に弱く、光を最大限必要とするので、立ち栽培がよい。栽植距離は120cm×60cm。1株から2〜3個とる栽培もあるが、1個どりが品質も味もよい。

11節から15節の子づるは、2枚の

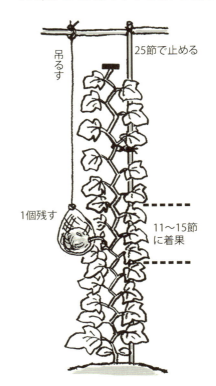

葉を残して摘芯し、着果させる。10節までの子づるは早めに摘み取る。親づるは25節で摘芯し、他の子づるも早めに摘み取る。

ハウスでの真夏の開花となるので、人工交配をしないと着果しないこともある。人手による交配をすれば、1株に3〜5個は着果する。実が卵の大きさになったら、育ちがよく、丸くて形のよいものを1個残して、他は摘果しよう。

実はどんどん大きくなるので、必ず上から吊るして、つるの負担を軽くする。また、下葉より上葉を大きく育てるのもメロンづくりのコツだ。

■水やり■

ハウス栽培なので、水やりが重要である。摘果後の肥大盛期は多めに、着果後20日くらい経ってネットが出始めるころにはやや少なく、ネットが完成した35日目ころに再び多めにし、収穫前には減らす。

ただし、急激な水分の過不足はないようにする。また、残す1個が決まったら、その実を新聞紙で覆って、日光が急激に当たらないようにすると、ネットの形成によい。

ハウスの中ですくすくと育つアンデスメロン。黄色い花をつけ、小さな実が成っている

■輪　作■

初めての畑ではよくできるが、しだいに病気に悩まされる。それでも、2年目まではなんとか生育する。3年目以後は、ハウスの水田化(いったん水田にし、イネを植えて病原菌を減らす)や太陽熱殺菌などで休ませ、3〜5年は空けて輪作とする。

■病虫害対策■

つる枯病(キャンカー)、ベト病、うどんこ病、モザイク病、つる割病と、箱入り娘なので病気に事欠かない。とはいえ、連作せず、排水をよくすれば、まずまずの成果は期待できる。

アブラムシは海水の300倍液で洗い流す。ただし、あまりにひどいときは、早めに虫除けネットを張り巡らすしか方法はない。

■**プランター栽培**■

ハウスがない人は、日当たりのよいベランダでのプランター栽培が自家用として楽しい。30ℓ以上のプランターに2本植えとする。

病気のない土と堆肥を1/2ずつ混合して入れる。管理はハウス栽培とまったく同じ。土に根を張らないため、水分の制限が自由にできるので、コツを覚えれば良品がとれ、楽しめる。

(2) マクワウリ

育苗・定植・トンネル管理など、スイカとほとんど変わらない。輪作年限は3年でよい。

マクワウリの血が強い品種には、親づるには着果せず、孫づるの1～2節に着果する習性がある。そこで、親づるは必ず5節で摘芯して3～4本の子づるを伸ばし、子づるの8～12節に発生する孫づるに2～3個着果させ、1株で6～8個収穫する。

子づるは20～30節で摘芯し、株元の孫づるは、混み合ってきたら7節目までは摘芯して葉面積を確保する。

着果後35～40日、積算温度800°で収穫できる。完熟すると実がつるから離れるので、遅れないようにしよう。

浅根性であるため、土づくりが重要

マクワウリの4本仕立て

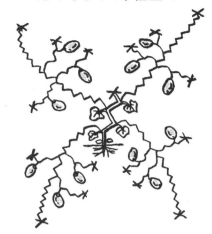

となる。深耕し、窒素分の少ない良質堆肥を多く施す。元肥は少なくしてつるボケしないように配慮し、着果後に追肥する。

ゴマ〈ゴマ科〉とエゴマ〈シソ科〉

適期の播種と収穫

「日照りゴマ、雨油(エゴマ)」という言葉がある。どちらも日本で古くから栽培され、肉食しなかった日本人の体力を支えてきた。医薬品となるほどの効能を持つ両者は、健康食の源とも言えるだろう。

ゴマとエゴマは好対照な作物である。熱帯好みのゴマは西日本や九州を中心に、関東地方まで栽培され、東北地方や高冷地ではエゴマが多い。かつての関東地方では、どの農家でも自家用にゴマが栽培されていた。一方、福島県ではエゴマのみで、ゴマはほとんど栽培されてこなかった。どちらも病虫害が少なく、無農薬有機栽培でよく育つ。栄養豊かで安全なゴマとエゴマをぜひ自給して、健康に役立てたい。

(1) ゴ マ

1　特　性

原産は西アフリカの熱帯地方と言われる(インドという説もある)。エジプト、ギリシャ、ローマなど世界文明の発達とともに栽培が広がり、大切な栄養源となった。

日本では縄文時代から栽培され、江戸時代には食べ物としても医薬品としても貴重な存在になったという。その効能と薬効の大きさゆえに形容詞としても多く使われ、「ごまかす」「ごまをする」「ごまの灰」(旅人をよそおう泥棒)などの慣用句もある。

「ごまをする」という言葉は、ごまはすればするほど味がよくなり薬効も増すことから、「いくらすっても叱られない」という意味で生まれたらしい。また、その香りと味は何に加えても料理を美味しくするため、「ごまかす」と使われるようになったという。万能選手ゆえのやっかみの悲哀とも受け取れる。西洋ではアリババの「開けゴマ！」があまりにも有名だ。

2　品　種

白ごま、黒ごま、金ごまの3種があるので、地域に適した品種を栽培しよう。長野県駒ヶ根市でまちおこしにゴマ栽培をしていると聞き、問い合わせたところ、「岩手黒ゴマがやや低温でもよく育つ」と教えられたので、私はこの品種を用いている。

3　栽　培

日照りゴマと言われるように、乾燥

私の栽培スケジュール

4	5	6	7	8	9	10	11	12	(月)
畑づくり、元肥、畝づくり		○—○—■	×	■	□	////// 収穫	脱穀	選別、水洗い、乾燥	

○ 播種、■ 中耕・除草、× 間引き、□ 摘芯（ゴマ）、////// 収穫。

と高温、日照を好むので、以前は東北地方ではあまり栽培されていなかった。しかし、温暖化によって適地が広がり、いまでは二本松市でもよく育ち、北限は青森県と言われている。

照れば照るほど増収するが、水田や排水の悪い畑は20〜30cmの高畝にする。短日性植物で、陽が短くならないと花が咲かないので、あまり早播きはできない。

■畑選び■

排水がよければ、畑はとくに選ばない。種子が細いので、土を細かく耕すと作業が楽になり、発芽もよくなる。野菜の後地なら無肥料でよく育つ。痩せ地であれば、堆肥を1aあたり150kg前後施す。肥料が多すぎると倒伏するので、控えめにしよう。

■播　種■

畝幅70〜80cm、株間10〜15cmが目安。気温が20℃以上になる5月下旬〜6月上旬が播種適期だ。1aあたり30g（およそ盃1杯）を用意する。

播種方法は筋播きか、5cmの株間で1カ所につき4〜5粒ずつ播く点播き。私は手押しの播種器を使い、小松菜を播くときと同様に播いている（96ページ参照）。覆土は種子の倍で、薄く掛ける。

■間引き■

種子が細かいので、多く播くと間引きで苦労する。草丈が10cmくらいになったら、1株が1〜2本になるように間引きする。間引いたものを苗として定植してもよい。

■雑草対策■

初期生育は遅いので、6月下旬に最初の中耕・除草を行う。後半になると葉が繁り、草丈も伸びる。黒ポリマルチをすれば、地温を高め、生育もよくなるので、雑草の心配は少なくなる。

■良品をとるコツ■

7月末ころから白紫色の筒状の可愛い花が咲き始める。花を見るのも楽しみのひとつだ。約1カ月間、下から

順に咲き続ける。

一度に咲けば実るのも同時で収穫は楽だが、自然の植物は子孫を残すため、どんな条件でも、災害にあっても生き残るように用心しているのだ。早く咲いた下のほうが実っても、上は花が咲いている。同時に刈り取ると、未熟な実が混じって選別が大変になる。

そこで、最後の花が咲く9月上旬ころ、1.5m程度の背丈になったら、花が咲いている部分を摘芯しよう。下の実が充実して、未熟な実も少なくなり、良品がとれる。

■病虫害対策■

8～9月になると大きなゴマムシ（スズメガの幼虫）が発生し、葉を食べるので、捕殺する。ゴマを栽培しなければ絶対に見られないが、栽培すると必ず発生する、ゴマと一体の虫だ。

病害は立枯病や青枯病が出ることがあるが、排水をよくする、連作を避けるといった対策で、防止できる。

■収　穫■

下葉が枯れ、サヤからゴマが2～3個はじけ始めたころ（9月下旬～）が適期。遅れると、実が落ちる量が多くなる。

刈り取るときは、ビニールシートやゴザを敷き、3～5株ずつ束ねて乾燥する。葉が混ざると選別が大変なので、刈り取る前に葉を落としておこう。晴天の日中ではなく、朝や夕方、曇天に刈り取ると、脱粒が少ない（エゴマも同じ）。

■選　別■

刈り取り後、束ねてビニールハウスなどで2～3週間乾燥させてから、脱穀する（サヤから実を落とす）。少量なら、シートを敷き、棒ではたくとよい。その後、唐箕（とうみ）やふるいを使って、ごみを取り除く。

次に、バケツにゴマを入れ、水を加えてよく洗う。すると、上には軽い実（未熟なもの）、中間には充実した実が浮き、下には泥や砂が沈む。この泥や砂を取り分けてから、乾燥させる。乾燥は風が入らないビニールハウスなどで行うが、網戸の上も便利。

よく乾燥したら、密閉できるペットボトルなどに入れて長期保存する。洗いゴマの仕上がりだ。

ゴマを3～5株ずつ束ねる

■**煎り方**■

ほうろくという浅い鉄板で煎る。ないときは、フライパンに一握り入れて中火でかき混ぜ、中心の3粒がはねたら火を止め、余熱で炒りあげる（エゴマも同じ）。

■**効能**■

実のほぼ50％が油分で、リノール酸とオレイン酸をバランスよく含んでいる。タンパク質も20％近く、栄養価が高い。鉄分、カルシウムなどのミネラルや良質のビタミンも多く含み、身体の酸化を防ぎ、生活習慣病や老化を防ぐのに役立つ。炒めたり、すりつぶしたりして、さまざまな料理に使われ、健康食として大きな役割を果たしてきた。

このように毎日の食卓に欠かせないにもかかわらず、日本の自給率は非常に低く、0.1％にすぎない。何とかしたいと思うのは私だけだろうか。

(2) エゴマ

1 特　性

原産は中国の中部。中国、韓国、日本、東南アジアで多く栽培されている。αリノレン酸を多く含み、独特の香りがある。食べると10年長生きすると言われ、「じゅうねん」とも呼ばれる。肉食をしない僧侶に食べられて、広がった、栄養豊かな作物だ。

日本では5000年前の縄文時代の遺跡から出土するほど長い歴史があり、もっとも古い油糧作物とされている。江戸時代に菜種油が出回るまでは、家庭の灯りとしても使われていた。エゴマ油は乾燥が早いので唐傘の塗料としても使われ、防水剤の役割を果たしたという。

福島県の家庭では、炒ってからすり鉢ですりおろし、野菜料理に、餅に、うどんの汁にと、毎日のように利用されていた。子どものころ、そのすり鉢を抑えるのが私の日課だった。

「雨油」と言われるように、梅雨のある日本に適している。一時期、栽培が少なくなったが、「日本エゴマの会」の活動などにより、各地でむらおこしに活用され、栽培が増えているのはうれしい。

2 品　種

黒ダネと白ダネがある。油を搾るには油脂分が多い黒ダネがよいとされる。食用には白ダネが美味しいと言われるが、好みにもよるだろう。2種類

を栽培すると収穫や選別作業が大変なので、私は黒ダネのみを栽培している。

3 栽 培

ほとんどゴマに準じる。雨に強いといっても畑作物だから、水田や湿地では約15cmの高畝とする。短日植物のため、あまり早播きするより、遅播きしたほうがよく実る。播種適期は5月末〜6月上旬。

■移植栽培■

畑の一部に種を播いて育て、3週間後に移植する方法もある。ただし、忙しい時期ゆえ、私は直播きのみとしている。シソ科だから、シソ畑の近くに栽培すると交雑することがあるので、避けよう。

なお、草丈が伸びると倒伏しやすい。良品を生産するためには、支柱を立て、ひもを張って倒伏を防ぐ必要がある（ゴマも同じ）。

■摘芯栽培■

エゴマ栽培が盛んで、葉も多く食される韓国では、増収技術として摘芯栽培が行われているという。詳しくは、農文協編『エゴマ――栽培から搾油、食べ方、販売まで』（農山漁村文化協会、2009年）をご参照いただきたい。

■病虫害予防■

エゴマサビ病がある。栄養過多にしない、過繁茂にしない、連作を避けるなどの対策で防ごう。虫も多少は発生するが、大きな減収になるほどの害はない。

■収穫と選別■

適期の見極めが大事。葉が3分の2ほど黄変し、最初の実がこぼれ始めたころが目安となる（播種の時期や肥料の量によって差がある）。

乾燥、脱穀、選別、水洗いはゴマに準じる。エゴマは水に浮くので、よく洗って泥や砂を取り除き、再度洗ってから、乾燥して仕上げる。

■利用法■

昔は油にすることは少なかったが、現在は油にする場合が多い。

また、実を軽く煎って、すり鉢でよくすりつぶし、砂糖や味噌、醤油で味付けし、餅や野菜を和える。この和え衣に冷やした水を加えてうどんのたれにして、キュウリや卵焼きの千切りを加えると、夏の食欲不振を吹きとばす健康料理として重宝する。

第3章 葉・茎を食べる野菜

キャベツ、ブロッコリー、カリフラワー〈アブラナ科〉

難しい | 普通 | やさしい
適期の播種を心がける

1 特性

　キャベツと言えば古くから丸いと思っていたら、先祖は葉が巻かないケールの仲間だという。原産地は地中海沿岸。古代から食べ物や薬草として利用されてきた、貴重な作物である。

　13世紀ころに軟球に改良され、17世紀には現在の球になり、その栄養の高さと美味しさから世界中に広まったと言われる。日本には江戸時代末期にオランダから伝わったようだが、栽培が増えたのは、種子がたやすく外国から入ってくる明治時代以降だ。戦後は日本でも品種改良が急速に進み、より広がっていく。

　同じ血を引くきょうだい(変種)も多い。ブロッコリー、カリフラワー、芽キャベツ、コールラビ、ケール、葉ボタンと、栄養的にも見た目にも多彩な仲間がある。花が十字のように4枚そろっているので、十字架作物とも呼ばれる。

　平均気温20℃前後が適温。5℃でも育つが、25℃以上になると生育が衰える。現在は品種改良と産地移動により、1年中店頭に並ぶようになった。ただし、無農薬栽培では収穫時期が限られる。旬を選び、虫と競争しないですむ時期に栽培しよう。

　ブロッコリーとカリフラワーは、頂部の花つぼみ状のものを収穫する。以前はカリフラワーが多かったが、近年は栄養の高さと美味しさで、ブロッコリーの人気が急上昇してきた。栽培は、ほぼキャベツに準じる。

2 品種(キャベツ)

①春播き栽培

スピードボール…丸形種。早生で、植付後55日で収穫可能。早どりに向く。

YR青春…早生で、味がよく、品種極上だが、完熟すると割れやすい。

楽園…YR青春より、やや遅播き。裂球は少ない。

②夏播き栽培

　YR青春、楽園、冬どり用寒玉系(病気と寒さに強く、寒い時期に収穫できる)

③秋播き栽培

味玉…中生で、つくりやすい。栽培期間が幅広く、四季どりできる。

金系201号…早生で、柔らかい。夏播きもできる。

3 栽　培

■**作　型**■

①春播き栽培

2〜3月播きなので、温床での育苗が必要となる。私はナス床などを利用して育苗している。3月になれば、ハウスやトンネルを利用した、人工的には熱を加えない冷床での育苗もできる。虫の少ない時期の生育で、管理は楽だ。寒さ対策に、定植後トンネルやベタ掛け（不織布、ネット、寒冷紗などを作物にかぶせて覆う）し、生育を早めて5月末から6月上旬に収穫すると、「これ本当に無農薬？」と言われる、きれいなキャベツがとれる。

②夏播き栽培

二本松市では7月下旬播きが適期。高温期の育苗と定植のため、初期は虫との闘いになるが、結球期は涼しくなり、良品がとれる。

早生、中生、晩生（冬どり）と品種を選んで播くと、11月から3月まで収穫できる。

③秋播き栽培

以前はこの作型が主力だった。9月中〜下旬に播く。越冬時に低温にあうと、花芽ができ、結球せずにとう立ちすることも多いので、必ず秋播き専用種を用いる。畑での育苗も可能。冬から春先に野鳥の格好のえじきとなって外葉が食べられることも多いので、ベタ掛けしたり、防鳥ネットや防鳥テープで防ぐ。

■**育　苗**■

育苗箱に播種し、本葉2〜3枚のころ7×7cmの連結ポット（4×4の16穴）に移植する。肥沃で病害のない、良質の床土を必要とする。私は果菜類と同じ床土を用いている。

■**土づくり**■

結球するために多くの葉を育て、多大な栄養を必要とする。肥沃地を選

私の栽培スケジュール

作型＼月	1	2	3	4	5	6	7	8	9	10	11	12	品　種
春播き栽培① ②		○	△▲	△▲	▨	▨	▨						スピードボール、YR青春、楽園
夏播き栽培	▨	▨	▨				○	△ ▲			▨	▨	YR青春、楽園、冬どり用寒玉
秋播き栽培					▨	▨	▨		○ △	▲			味玉、金系201号

○播種、△移植、▲定植、▨収穫。

キャベツの苗、播種から約40日後

輪作体系

1作目	2作目	3作目	4作目
春キャベツ	レタス	ナス	小松菜
トウモロコシ	キャベツ	ジャガイモ	ホウレンソウ
大根	春キャベツ	人参	キュウリ
タマネギ	キャベツ	春レタス	雑穀
ブロッコリー	ジャガイモ	人参	カリフラワー

び、追肥を必要としないくらいの元肥を施し、土づくりをしよう。

元肥（1aあたり）
- 完熟堆肥　200〜300kg
- ボカシ肥料か有機肥料　20〜30kg
- ミネラル肥料　10〜15kg

　未熟な堆肥は病害虫発生の原因となるので、完熟堆肥を用いる。肥料とともに定植の10日前までには施し、土とよく混ぜる。

■定　植■

　本葉4〜5枚（播種から40〜50日後）が適期。大苗は老化して小球になることもあるので、若苗定植を心がけ、60cm×40cm間隔に定植する。春のベタ掛けや、夏に防虫ネットを被覆するときは、40cm×40cm間隔の3〜4条植えとする。

　夏播きは8月末〜9月上旬の定植となる。高温で乾燥しているときは、植え穴にたっぷりと水を与えてから定植する。排水不良は生育阻害と病害多発を招くので、10〜15cmの高畝にすることが必要な畑もある。

■輪　作■

　アブラナ科との連作は避け、1〜2年の輪作とする。表のように、さまざまな組み合わせが考えられる。空いた畑には緑肥（夏はエンバクやソルゴー、冬はライ麦）を導入し、土づくりによる病虫害予防に努めたい。

■病虫害予防■

①アオムシ

　夏播きの場合、育苗期から定植1カ月後まではこまめに畑を見回って、手で捕殺する。苗床は虫よけネットで覆ってもよい。

　定植後3〜4回の虫取りをして、その後の生育が旺盛になれば、外葉はアオムシに食われても、涼しくなれば結球が進む。よい苗をつくり、土づくりと活着を良好にするという基本を守れば、虫害に負けない強いキャベツの野生の血が出てくるのを感じる。

②ヨトウムシ

定植後に発生すると株ごと食べられるので、早朝に見回って捕殺する。土づくりと輪作により、被害は軽減されるはずだ。

③根コブ病

生育中期ころから急に葉がしおれて、生長が止まる。そうした株を引き抜くと、根がコブだらけで、健全な根がない。カビが原因で、主にアブラナ科に発生する。とくに、キャベツ、ブロッコリー、白菜、カブ、小松菜に多い。伝染性で、病原菌は靴底や農機具の移動によっても広がる。

排水不良と酸性土壌に多発する。石灰を施し、排水不良の畑は必ず10～15cmの高畝としよう。そして、根の活動を活発にするため、良質の有機質や緑肥の投入を多くし、輪作を心がける。マイペースなどの品種が根コブ病に強い。

なお、根コブ病の病原菌は大根には寄生しても増殖できず、菌の働きが低下する。そこで、大根の栽培後にキャベツを植えると被害が減る。おとり作物として大根を利用する方法である。

その他の病虫害もあるが、土づくりと輪作で大きな問題はないはずだ。

■ 収 穫 ■

球の頭を手で押してみて、固くなっていれば収穫する。結球するまでは寒さにも暑さにも耐えるが、完全結球すると、裂球したり病気に弱くなるので、適期収穫を心がけよう。早生は割れやすい傾向があるので、裂球しにくい楽園などの中晩生とあわせてつくるのがよい。

■ ブロッコリーの栽培 ■

キャベツの春播き栽培や夏播き栽培と同時に播種する。虫の多い年は、花蕾（花とつぼみ）の中にヨトウムシが棲みついて食い荒らすこともある。最近は、スティックセニョール（茎ブロッコリー）という品種が誕生した。細い茎に花芽が次々と出て、虫の害が少なく、早くから食べられて重宝する。ただし、収穫には手間どる。

早生（銀嶺、おはよう）と晩生（グランドーム）を播いて、収穫の幅を広げるようにしている。

■ カリフラワーの栽培 ■

キャベツの夏播き栽培よりやや早く、7月中旬に播く。花蕾が真っ白できれいだが、虫や寒さにあうと変色して汚れが目立つ。外葉を束ねて結び、花蕾を守ることも大切だ。

私は一般的な野崎早生を栽培している。面積は少ない。

白菜 〈アブラナ科〉

ネコブ病対策と貯蔵

1 特 性

　汁に鍋料理に漬物にキムチにと幅広く利用され、とくに冬は食卓に欠かせない日本的野菜である。とはいえ、日本での歴史は浅く、明治時代に中国から導入された。

　英語で「チャイニーズキャベジ（中国キャベツ）」と言われるように、中国育ち。当初は、同じアブラナ科のカブやナタネと交雑して球にならず、白菜ではなく青菜となってしまったという。大正時代後半に渡辺顕二氏（49ページ参照）が、蝶が他の島から飛んでこない松島湾内の島を選び、他の花粉との交雑を防いで採種。「松島白菜」として脚光を浴び、全国に広まった。

　良質のビタミンと食物繊維を多く含み、胃腸の働きをよくし、カゼやインフルエンザの予防になるとも言われる。葉菜類としては冬期の長期貯蔵ができ、貴重だ。

　生育適温は15〜20℃。冷涼な気候を好むので、夏播き秋採り栽培が主流だが、早春に播く春播きトンネル栽培もできる。ただし、幼苗期に花芽分化＊してとう立ちの危険がある。また、春播き一般栽培は収穫期が高温になるので、病気に悩まされる場合もある。

　＊一般的に野菜は、成熟して子孫を残すために花芽分化する。白菜をはじめ、大根、人参、ホウレンソウなどは、幼苗期に12℃以下の低温に5日以上あうと、花芽ができて生育途中でとう立ちしてしまう。このため、低温にあっても花芽が出にくい系統の晩抽性・極晩抽性品種（春播き用品種）がある。

2 品 種

①春播きトンネル栽培…はるさかり
（晩抽性種）
②春播き一般栽培…はるさかり
③夏播き秋どり栽培
黄皇65…65日型（収穫まで65日）の
　早生種、味がよい。
ストロング75…75日型の中生種、
　栽培しやすい。
隆徳・黄皇85…85日型の晩生種、
　貯蔵性が高い。

3 栽 培

■作 型■
①春播きトンネル栽培
　品種は必ず、晩抽性や極晩抽性の春播き専用種を用いる。
　育苗は温床で行う。私はレタスやキャベツなどと同時に2月中旬播きと

している。播種後15日前後で移植し、その後15〜20日育てて定植する。

この時期はまだ寒いので、必ずトンネルかベタ掛けで覆う。5月下旬〜6月上旬の収穫なので、生育中の害虫の心配はほとんどない。とう立ちと収穫期の病気には注意しよう。

②春播き一般栽培

桜の開花のころが播き時。直播きもできるが、虫害を防ぐため育苗するほうが無難。6月末から7月上旬の収穫期が高温となるので、早目にとろう。

③夏播き秋どり栽培

私が暮らす地域は平坦地のため、7月〜8月上旬の早播き栽培は病害虫が多く、無農薬栽培は大変だ。現在は、やや遅播きの8月16〜18日に1回のみの播種としている。虫と競争しないという点からすれば、遅播きほどよい。ただし、秋の寒さも想定したうえで結球する時期の限界を考えて、播き時を決めよう。私は同時に早生種から晩生種までを播いて、収穫期間を12月まで延ばし、貯蔵している。

直播きもできるが、害虫と雑草対策が大変なので、育苗としている。生育が早いため、移植はせず、7cm×7cmの連結ポット(16穴)に直接播く。5〜6cmのポットを使用して1株仕立てもできるが、大きめのポットのほうが水分と肥料調節が楽で、よく育つ。

育苗面積が広くなるので、1つの穴に2株仕立てとし、1株に2〜3粒を播く。覆土後にもみ殻を約1cmかけ、地温上昇、夕立対策、乾燥防止に役立てる。

芽が出るとアオムシが発生する。こまめに見回って手で取るか、サンサンネット(虫除けネット)をかぶせて防ぐ。

定植は播種後20日前後に行う。高温期なので、乾燥が激しいときは植え穴に水をやってから植え付けると、活着が良好となる。栽植距離は、70cm×35cm前後。広く植えれば大球となるが、現在はやや狭くして中球どりとしている。

私の栽培スケジュール

作型 \ 月	1	2	3	4	5	6	7	8	9	10	11	12	品種
春播きトンネル栽培		○	△ ▲			▨							はるさかり
春播き一般栽培				○ ▲ ■		▨							はるさかり
夏播き秋どり栽培	▨▨▨▨▨▨							○ ▲ ■			▨▨		黄皇65 ストロング75 隆徳 黄皇85

○播種、△移植、▲定植、■間引き・中耕、▨収穫・貯蔵。

■土づくり■

60〜80日で葉が70〜80枚も出て2kg前後になるので、多肥栽培が前提。肥沃地を選び、長く肥効のある有機質肥料を施用すれば、美味しい良品がとれる。前作に多量の堆肥施用が理想的。

元肥（1aあたり）
- 堆肥 200kg　未熟堆肥は虫害発生が多くなる。
- ボカシ肥料か有機肥料　20〜30kg
- ミネラル肥料　10〜20kg

■間引きと中耕■

本葉4〜5枚のころ、1本仕立てとする。根を傷めないようハサミで切り取ろう。このとき特異な株が出る場合もあるので、それらは間引く。中耕は、除草と、土への酸素供給によって根の働きを助けるため、1〜2回行う。肥料不足のときは1aあたり有機肥料を10〜15kg追肥する。

また、間引きや中耕のとき、アオムシなどの害虫も見つけしだい捕殺する。その後生育旺盛になれば、虫に負けずに生長していく。

■輪　作■

肥料を多く必要とし、病害も多いの

輪作体系

1年目春	1年目秋	2年目春〜夏	2年目秋
早どりかぼちゃ	夏播き白菜	トウモロコシ	小松菜
タマネギ、ネギ	夏播き白菜	ジャガイモ	大根
春播き白菜	冬ネギ	キュウリ	ホウレンソウ

で、土づくりとともに輪作が重要。前作（春）に堆肥を多めに施すように心がける。前作にタマネギやネギを作付けると、よく育つ（表参照）。トウモロコシの後もよいが、肥料を多めに施さねばならない。空いた畑に5〜6月にエンバクを播いて緑肥とするのもよい。

■病虫害予防■

基本は、土づくりと適正な施肥で、生育を停滞させず、栄養過剰にしないこと。そして、2〜3年の輪作を心がける。

①軟腐病

生育がある程度進んだころ、葉が茶色になって枯れ、全体に広がる。細菌が原因で、土壌伝染する。

結球期に高温になると、発生しやすい。対策として、窒素過多を避ける、排水と風通しをよくする、中耕時に株を傷つけない、適期に収穫する、春は早め・秋はやや遅めに播く。

②根コブ病

5〜10cmの高畦にして排水をよくする。根コブ病抵抗性品種（CR）を用いる。良質堆肥を十分に施して根の働

きをよくする。アブラナ科作物との連作を避ける。

③ゴマ症

葉に小さな黒の点々ができる。生理障害でもある。窒素過多を避け、ミネラル分やカルシウム分とのバランスをよくしよう。

④虫害

直播きではなく育苗すれば、ネット被覆で幼苗期は防げる。鶏糞や未熟な堆肥の施用によってヨトウムシが多発する場合があるので、注意する。

■ 貯　蔵 ■

大切な技術である。3～4月まで貯蔵するときは、晩生の貯蔵性が高い品種を選ぶ。八分結球のものは長期貯蔵できる（29ページ参照）。

少量なら、新聞紙にくるんで納屋で貯蔵できる。私は白菜畑の一角に集めて、わらとトタンで囲っている（写真上参照）。激しい寒さが来る前の12月下旬、畑と白菜が乾いているのを見計らって次のように作業する。

①白菜を引き抜いて、そのまま2m幅にぎっしりと立てて並べていく。

②白菜から15cmほど離して、波トタンを横にして立てる。トタンは土に20cmほど埋め、地上の高さは40cmとする。これは白菜が大好物の野ネズミ対策。

③1mおきに杭を立て、トタンが倒れないようにして内側にわらを詰める。表面の白菜の上にも15～20cmにわら束をぎっしりと並べる。このとき、わらごみを防ぐために、通気性のある寒冷紗などのベタ掛け資材で白菜を覆ってから、わら束を並べる。

このように側面と上面をわらでスッポリ覆うと、寒さを防げる。わらを通して適度の水分も入り、新鮮な白菜を4月まで出荷できる。

トタンで覆い、白菜を立てて置き、わらを詰めて保存する

掘り出された白菜

レタス 〈キク科〉

難しい｜普通｜やさしい
時期を選ぶ

1 特　性

　西洋野菜の代表とされ、いまでは食生活になくてはならない。一方で、旬がすぐに答えられない野菜のひとつでもある。

　ふるさとは地中海沿岸、中近東と言われる。歴史にも古代から登場している。たとえば、旧約聖書の『出エジプト記』で、長くエジプトで奴隷となっていたイスラエル人がエジプトから脱出する前日（過越しの日）、「種（イースト）を入れないパンとともに苦菜を食べた」という記述がある。

　これは、エジプトでの奴隷の苦しみを忘れないようにという神の戒めであり、この苦菜がレタスだったと言われている。もちろん、現在とは異なり、苦みの強い野生の原種に近かったのだろうが、健康のためにパンとともに食べるという現代食のもとになったと思う。

　16世紀にアメリカなどで急速に栽培が広がり、日本にも導入された。現在は、主に夏は高冷地、冬は暖地で栽培され、低温輸送の発達以降は1年中食べられている。

　日本ではかつて「チシャ」と呼ばれていた。平安時代に、中国から入った野菜の茎や葉を切ると白い汁が出て、乳のように見えたことから「乳草」と呼ばれ、それを略して「チシャ（チサ）」と呼ばれるようになったようだ。

　ちなみに、この白い汁には、人間のイライラをなくし、安眠や気持ちを穏やかにする成分が多く含まれている。その中には苦みもあり、害虫はその苦みを嫌って寄りつかない。レタスはこの汁で自分の身を守っているのである。

　苦みは原種に近いほど強い。とう立ちしたり冬を越したりすると、より苦く感じられる。

　生育適温は18℃前後で、雨や暑さに弱い。25℃以上では生育が停滞し、病気にも弱くなる。低温と乾燥を好む野菜なのだ。それゆえ私は、4～5月と10～12月を旬と考えて、年に2回収穫できるように育苗している。

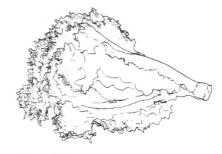

サニーレタス　Ⓒ武田章

2　種類と品種

大別して、以下の6つに分類される。野生からカキチシャが出現し、茎レタス、葉レタス、サラダ菜の順で生まれた。16世紀になって玉レタスが生まれ、栽培が広がっていく。

①玉レタス(結球レタス)

コロラド…極早生種で、低温でもよく結球する。

早生サリナス…味がよく、つくりやすい。

シスコ…低温結球性があり、冬どりにも適する。味がよく、肉質が厚い。

②半結球のコスレタス

玉レタスと葉レタスの中間。栽培は少ない。

③サラダ菜

リスボン…早生・晩抽性種で、周年栽培できる。

④葉レタス(リーフレタス、サニーレタス)

ダークグリーン(リーフレタス)…緑色が濃く、丈夫で、つくりやすい。

ボンジュール2号(サニーレタス)…晩抽性種で、濃赤色、つくりやすい。

⑤茎レタス(ステムレタス)

丈夫でつくりやすいが、消費量は少ない。皮をむいて食べる。

⑥カキチシャ(サンチュ)

焼肉用で、つくりやすい。

3　栽　培

■播種・育苗■

直播きもできるが、初期生育が遅いので、育苗するのが一般的。2月は温床、3月からはトンネルやハウスの中で無加温育苗としている。

発芽適温は15〜20℃。25℃以上になると、休眠してまったく発芽しない。春早く温床に播いたとき、温度が高すぎて発芽せず、下がってから発芽したという経験がある。

夏播きの場合、冷蔵庫で芽出しをするとよい。種子を布に包んで一昼夜吸水させる。さらに、二昼夜ほど冷やし、芽が出始めた種を播くと、よく発芽する。

結球レタス(手前)とサニーレタス(奥)

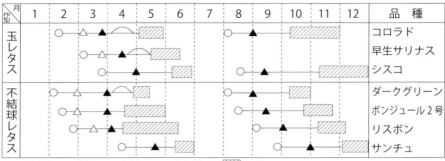

○播種、△移植、▲定植、⌒ベタ掛け、▨収穫。

■作 型■

①春播き栽培

育苗箱に筋播きしてポットに移植する方法と、ポットに直接播く方法がある。

2月播きは育苗箱に播き、20日後に7×7cmのポットに移植する。その20～30日後に定植し、ベタ掛けして風や寒さから守って育てると、4月中旬から葉レタスやサラダ菜、5月10日ころから玉レタスが収穫でき、野菜が少ない時期に重宝する。

4月以降はポットに直接播く。私は16穴で7cmの連結ポットを繰り返し使用している。この場合、1穴に2株仕立てにしたほうが管理が楽で、根鉢がしっかりして生育良好となる。果菜類と同じ床土を使用する。

玉レタスは、5月末～6月の高温ですぐに腐敗病が発生するので、やや早めの収穫を心がける。リーフレタスやサニーレタスなどの葉レタスは病気に強いので、7月上旬まで収穫できるように、3～4回種播きをする。

②夏～秋播き栽培

8月上旬から播き始める(25℃以上の高温では発芽しない)。生育が早い時期なので、ポットに直接播く。1カ所に2～3粒播いて30日後に定植し、活着後1本立てとする。

収穫期間が短いので、サニーレタスなどは8上旬～10月上旬まで3～4回に分けて播く。冬に収穫するものはベタ掛けで保温する。

■土づくり■

浅根性(せんこん)で、根は表面に多くある。ホウレンソウやキャベツ、白菜がよくできる畑なら、容易に栽培できる。肥料はそれらの60%程度、前作の残肥利

用でもよく育つ。元肥のみとし、窒素過多にならないよう、前作を考慮しよう。

元肥（1aあたり）
- 堆肥　150kg
- ボカシ肥料か有機肥料　10kg
- ミネラル肥料　5～10kg

■輪　作■

1～2年は空ける。キク科なのでアブラナ科との輪作ができ、畑の有効利用に役立つ。次のような輪作の例が挙げられる。

①ホウレンソウ－春播きレタス－トウモロコシ－キャベツ

②秋播きレタス－ジャガイモ－大根－ホウレンソウ

③秋播きレタス－長ネギ－カブ－レタス

■栽植距離■

基本的に3条～6条植え。球レタスは40cm×40cm間隔、葉レタスは20cm×20cm間隔に植える。ポリマルチ栽培は泥のはね上がり予防に有効だ。排水の悪い畑は、10～15cmの高畝にして根を守る（病虫害予防にもなる）。

■病虫害予防■

成熟するまでは、虫にも病気にも、暑さにも寒さにも強い。

ところが、結球すると暑さにきわめて弱く、病気が発生しやすい。25℃以上が続くと、根腐病や軟腐病によって収穫皆無となる場合もある。そこで、時期を選んで作付け、窒素過多にしない。また、玉レタスは少し柔らかいころ（八分結球）早めに収穫する。

■プランター栽培■

プランターに土の20～30％の堆肥を入れ、水をやり、リーフレタスやサニーレタスを2～3cm間隔に播種する。そして、種子が見えないくらいに薄く土をかけ、発芽するまで新聞紙で覆う。葉が10cmくらいになったら順次間引き収穫すると、長く楽しめる。

4～5月と9～10月が播種の適期。「レタスは鮮度を食え」と言われる。ベランダのプランターなど、食卓の近くで栽培するとよい。

ホウレンソウ 〈ヒユ科アカザ亜科〉

土づくり、PHに注意

1 特性

　緑黄色野菜の重要性が指摘されて久しい。ホウレンソウは栄養成分に優れ、とくにビタミンや鉄分が多く、良質なタンパク質を含み、アルカリ度も高い。食味がよく、料理の利用範囲も広い。葉菜類のみならず、野菜の代表格である。

　原産地はコーカサス地方（ロシア）と言われ、ペルシャ（イラン）では古代から、タンポポに似た葉が美味しく健康によいという理由で食べられていたという。ノアの箱船が漂着したと言われるアララト山（トルコ）の近くでは、野生種が見つかっている。

　6世紀ころから、東は中国、西はヨーロッパへ伝わったと言われる。中国に伝わったのは、寒さに強く、根の赤色が濃い東洋種（切葉）。日本には16〜17世紀に入り、各地に土着した。ヨーロッパに伝わったのは、葉の形が丸い西洋種。日本にはフランスから幕末〜明治時代に入り、西洋ホウレンソウと呼ばれた。現在の主流は、両者の交配種である。

　1930年代のアメリカで人気を集めたマンガ『ポパイ』では、主人公がホウレンソウを食べると驚異的な力を発揮する。日本でも60年代前半にテレビで放映され、ホウレンソウの宣伝に一役も二役も買った。私の年代にとってはなつかしい話である。

　アカザ亜科に属する雌雄異株植物＊で、生育適温は15〜20℃。低温にはきわめて強く、5℃でも生育し、マイナス15℃にも耐える。一方、耐暑性に乏しく、典型的な長日性植物で、長日高温でとう立ちが進む。また、品種により性質の差が大きく、春〜夏播きと秋播きでは完全に品種が異なる。

> ＊ほとんどの植物は1つの花（株）の中に雌株と雄株がある。ホウレンソウは種子を採ろうと大きくすると、雌株と雄株に加えて中間の株があることがわかる。雌株は生育旺盛で、とう立ちも遅い。一方、雄株はとう立ちが早く、葉数も少ない。元愛農高校校長の杉山信太郎先生は、雌株を多くするための育種方法を確立した。

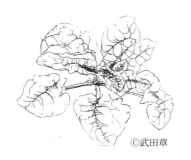

©武田章

2 品 種

①春播き用

晩抽パルク…とう立ちの心配がなく、良品がとれる。

②秋播き用

スーパーアリーナ…9月から10月まで幅広く播ける。葉色が濃く、見た目も味もよい。とう立ちが遅い。

サプライズ…葉色がきわめて濃い。生育はゆっくりだが、耐寒性も収量も高い。

朝霧…寒ちぢみホウレンソウ。冬どりで、とくに甘い。横に広がるので、株間は15cm×10cm以上にする。

③春播き・秋播き兼用

サラダあかり…葉も根も赤い。アクが少なく、サラダ用にもなる。9月から3月まで播ける。

3 栽 培

■作 型■

旬は晩秋から冬にかけて。根が赤く、甘みがある。なお高冷地では、夏でも栽培・出荷できる品種や技術もある。

①春播き栽培

春に畑が乾いたら、被覆せずに直接種子を播く。必ず極晩抽性の春播き専用種を用いよう。3月～4月上旬に、2～3回に分けて播く。収穫時期の5～6月は高温となるので、量は多くせず、適期収穫を心がけたい。

②秋播き栽培、秋播き冬どり栽培

以前は8月末から播き始めたが、現在は温暖化で半月ほど遅らせている。土づくりをしてもよく育たないときは、9月20日～10月初めに播き、排水が悪い畑は15cmの高畝にする。それでも育たなければ、土づくりが未

私の栽培スケジュール

作型 ＼ 月	1	2	3	4	5	6	7	8	9	10	11	12	品 種
春播き栽培			○〰○	▨▨	▨▨	▨							晩抽パルク、サラダあかり
秋播き栽培									○〰○	▨	▨▨	▨	スーパーアリーナ、サラダあかり
秋播き冬どり栽培	▨▨	▨▨	▨						○〰○				サプライズ、朝霧
晩秋播き栽培				▨	▨					○			スーパーアリーナ、晩抽パルク

○播種、▨収穫。

熟なのだ。ホウレンソウは畑のバロメーターである。

温度が高いと、下の葉が黄色くなって、大きく育たない。できるだけ遅く播くこと。また、トンネル掛けすると冬の雪でつぶれるので、ベタ掛け(不織布)資材で覆う。

③晩秋播き栽培

11月上旬に播種。秋播き冬どり栽培に準じる。

■土づくり■

肥料好きで、やや湿り気があって、排水のよい畑を好む。ホウレンソウがよく育てば、土づくりが完成したと言われる。酸性にはきわめて弱く、PHは6〜6.8の中性を好む。PHが5.2以下では育たない。

なお、酸性土壌を改善する目的で石灰を多用した畑を見かけるが、土の構造を壊し、味も悪くする。良質堆肥や有機質を入れ続ければ、最適のPHになるはずだ。

元肥(1aあたり)
- 堆肥　200〜300kg
- ボカシ肥料か有機肥料　15〜20kg
- ミネラル肥料　15kg

キュウリなど果菜類の後作は無肥料でよい畑もあるので、前作の残肥を考慮しよう。

また、これまで、作物は有機質を施しても無機態(アンモニアなど)になったものを多く吸収すると言われてきた。しかし、近年の研究では、とくにホウレンソウと人参の場合、有機物そのものを栄養吸収する量が多いという結果が明らかになっている。これは、有機栽培のホウレンソウや人参は格段に味がよいという消費者の反応と一致する。石灰や化学肥料に頼らない土づくりで、美味しく栽培しよう。

えぐみの原因はシュウ酸。シュウ酸は人体に害があると言われるが、茹でて食べれば害はない。茹でて水にさらせば、えぐみは少なくなる。

美味しくないのは肥料のやりすぎのためで、硝酸態窒素の害も心配だ。下水汚染や、生成される発ガン物質ニトロソアミンの問題である。育ちが悪いからといって窒素肥料を多く与えるのではなく、しっかりとした土づくりをする。適期収穫も大切なので、こまめに種播きしよう。

■種　子■

果実としての特性を持ち、固く厚い果皮によって守られている。登熟後3カ月の冬眠期間があるが、市販されている種子は、ほぼこの心配はないと思われる。1aあたり4dlを準備する。

ホウレンソウをはじめ、小松菜、大根、人参、カブなどが播ける手押し播種機

■播種間隔■

　私はトラクターのロータリーの幅に合わせ、1.2m幅の床に、6～8条播きとしている。1条の手押し播種機を使用し、10cmに5～6粒播けるように調節する。手播きのときは、50～60cmの畝幅として、播き溝をつくり、厚播きとならないように、2～3cm角に一粒を目安とする。

　密播きしていると、株が大きくならない。播種間隔は2cm前後とし、本葉2～3枚で5～7cm間隔に間引き収穫する。土が肥えていなければ、1aあたり有機肥料かボカシ肥料を10kg追肥する。

■黒ポリマルチ栽培■

　初期生育が遅い。また、ホウレンソウがよくできる畑はハコベもよく育つので、雑草対策に頭を悩ませる。

　有効なのは黒マルチだ。黒マルチ3715（幅130cm、7条、株間15cmの有孔ポリ）を張り、1穴に2～4粒播くとよい。播種の手間はかかるものの、除草、間引き、収穫・調製の手間が大幅に節約できるうえ、良品が収穫できる。また、夏に白ポリマルチで覆う太陽熱消毒をすると、草の害はほとんどない。

■病虫害予防と輪作■

　虫の害はほとんどない。土づくりをして、播種時期と品種選択、排水を万全にすれば、病気の心配も少ない。多くの野菜と科が異なるので、輪作にも適している（表参照）。

輪作体系

前作	1作目	2作目	3作目
白菜	春播きホウレンソウ	トウモロコシ	小松菜
夏ネギ	秋どりホウレンソウ	春キャベツ	人参
キュウリ	秋どりホウレンソウ	ナス	タマネギ
ジャガイモ	秋どりホウレンソウ	ネギ	カブ

小松菜と青菜類〈アブラナ科〉

春は早く、秋は遅く播く

1 特 性

　寒さや雪の中でも青々と成長し、ビタミン豊富でカルシウム含量はホウレンソウの2〜3倍もある。良質の食物繊維と鉄分も多く含んでいる。古くから日本で栽培され、適応性も料理の幅も広く、私たちの健康を支えてきた。正月の雑煮になくてはならないのも、その表れだろう。

　アブラナ類やカブから分化して、江戸時代に小松川（東京都江戸川区）で品種改良され、多く栽培されるようになった。8代将軍徳川吉宗がその美味しさに感動し、地名から小松菜と命名されて広がったのは、有名である。野菜の多くが外国生まれであるなかで、小松菜は生粋の日本生まれ、江戸っ子なのだ。生育適温は20〜25℃だが、寒さに強く、関東地方では一年中栽培できる。

　東北地方では、さらに寒さや雪に強い信夫冬菜や仙台雪菜などが、暖かい地方では株が大きくなるかつお菜などの品種が生まれた。アブラナ科はさまざまな性質を持ち、交雑もしやすいので、こうして多くの品種が生まれ、定着していく。漬菜と呼ばれる野沢菜や山形青菜、京菜なども同じ仲間だ。

2 種類と品種

　①小松菜

　葉が細長くて背丈が早く大きくなる系統と丸葉の系統がある。私は丸葉の品種を多く作付けしている。早生種から晩生種まであり、春にとう立ちが遅い品種は長く収穫できる。現在はF1品種が多い。

　②チンゲンサイ（体菜）

　中国生まれ。小白菜の一種で、葉柄（茎）が白いものと青いものがある。白をパクチョイ、青をチンゲンサイと呼ぶのが一般的だ。中国ではなくてはならない野菜で、日本では日中国交正常化後の1970年代に導入され、急速に普及した。夏の暑さに強く、一般栽培では年間を通して出荷されている。

　③べんり菜

　小松菜とチンゲンサイの交配種。小さいときは小松菜、中間はチンゲンサイ、大きくなれば漬菜として利用できる。小松菜のように土の香りもあり、美味しい。株が太るので背丈の伸びが遅く、収穫期も長く、名前のとおり便利な野菜だ。現在は、根コブ病抵抗性のある品種（河北菜、CR大河など）もあ

る。

④水菜（京菜）

水菜…早生で、細い茎が美味しい。寒さには弱い。

晩生千筋京菜…葉に切れ込みがあり、大株となる。水菜よりは寒さに強い。

壬生菜…葉がへらのようになっている。

⑤タアサイ

株が広がり、地を這うように盃状に広がる中国野菜。冬の太陽光線をいっぱい吸収し、葉面は光沢のある濃緑色で、縮みがある。寒さにあうと甘みが出て、クセがなく美味しい。寒さには強いと言われるが、冬菜よりは弱い。

⑥信夫冬菜

二本松市に隣接する信夫地方（福島市）で古くから栽培されてきた。寒さに強く、特産の凍み豆腐と相性がよい。冬には信夫冬菜と凍み豆腐の入った汁やおひたしが毎日のように食べられている。また、3月になると寒さのなかで新しい芽を出し、外葉は枯れても新芽は美味しく、長期収穫できる。

⑦四月しろ菜

とう立ちが遅く、青菜の少ない4月に食べられる貴重な青菜。東北地方では、寒い冬は株が凍傷になり、越冬収穫できないときもある。

⑧茎立菜

アブラナより生育が遅く、初夏まで収穫できる。二本松市周辺ではちりめんかぶれ菜という専用種がある。春に花芽を持った柔らかい茎を20cmの長さに次々と切り取って食べる。菜花は少なく、昔から春は茎立菜の天下だった。

⑨漬菜

山形青菜はからし菜の血を引き、野沢菜は天王寺カブからの分化とされている。それぞれの地方で古くから栽培され、漬物文化を継承・発達させてきた。適応性が広く、元気な葉物。

⑩シュンギク（キク科）

虫がほとんどつかず、葉菜類の安全弁として作付けしている。寒さに弱く、露地栽培では冬は覆いが必要となる。小葉種から大葉種まであり、一般には中葉種が多い。

3 栽培（露地）

ビニールハウスを利用した周年栽培が進んできたが、私は露地で、ベタ掛

信夫冬菜　　　　　©武田章

私の栽培スケジュール

作物＼月	1	2	3	4	5	6	7	8	9	10	11	12
小松菜／べんり菜／チンゲンサイ	収穫	収穫	○	～	収穫				○～	収穫	収穫	収穫
信夫冬菜	収穫	収穫	収穫						○～	収穫	収穫	収穫
エンサイ／ツルムラサキ／モロヘイヤ				○	▲	収穫	収穫	収穫	収穫			
四月しろ菜／茎立菜				収穫	収穫				○～	▲		
京菜／水菜	収穫	収穫	○～○		収穫				○～	収穫	収穫	収穫
タアサイ	収穫	収穫	収穫						○	収穫	収穫	収穫
シュンギク			○～	▲					○～	▲	収穫	収穫

○播種、▲定植、収穫。

け以外の資材は使わずに栽培している。無農薬栽培では虫の害が甚大なので、夏は病虫害の心配がほとんどなく、暑さを好むツルムラサキ、エンサイ、モロヘイヤを作付けし、年間通して葉物を収穫できるように心がけている。

■作　型■

①春播き被覆栽培（小松菜）

春に畑が乾いて耕起できるようになったら播く。通常は3月上旬。その後、約20日ごとに2～3回に分けて播く。パオパオなどのベタ掛けが必要で、虫除けと保温に役立ち、生育良好となる。ベタ掛けは収穫10日前ころ、草丈10～15cm前後になったらはずして外気にあて、軟弱徒長を防ぐ。

1～1.2m幅の床をつくり、播種機で播くか手播きする。手播きのときは板を使って20cm幅に深さ1cmの溝をつけ、1cm間隔を目安に播く。覆土は厚さ0.5cmとする。竹ぼうきで表面をかき混ぜるように掃くだけでもよい。

被覆しないときは、60cmの畝幅として、鍬幅の溝をつける。そのうえでバラ播きして覆土すると、除草作業が楽になる。

②夏播き栽培

5～8月播きは虫害が多いので、お勧めしない。栽培するときは、虫除けネットでしっかり覆い、薄播きにして風通しをよくする。ただし、覆いをすると雑草もよく伸びるので、雑草対策

を早めに行う。白ポリマルチによる太陽熱消毒をすると、雑草にも病気にも効果が非常に高い。これは、秋播き予定の畑でも実施したい。

③秋播き栽培

9月上旬から播き始めるので、8月中は畑づくり、土づくりを心がける。茎立菜のように大株にしたいものは早めに、それ以外は虫が少なくなる9月15日ころから下旬に播くのがよい。早く播くと虫の害が多く、遅いと寒さが来るまでに大きくならず、冬の収穫ができなくなる。地域の適期を知ることが大切だ。

■土づくり■

土を選ばず、栽培も容易。ただし、短期間にたくさんの株を育てるので、土づくりが大切となる。堆肥と有機質の施用で、良品がとれる。そのためには、前作の残肥利用や輪作が大切。生育中の肥料切れは、味も品質も大幅に落とすので、良質堆肥をしっかり投入しよう。

元肥(1a あたり)
- 堆肥　200kg
- ボカシ肥料か有機肥料　15kg 前後
- ミネラル肥料　5〜10kg 前後

■移　植■

小松菜は株数が多いので、育苗はしない。株を大きくするチンゲンサイ、京菜、タアサイ、四月しろ菜、春菊、茎立菜は育苗して植えると株間が広くなり、良品がとれる。

畑に播き、背丈5cmころに間引きして移植してもよい。この場合、降雨前後に行うと、よく活着する。小松菜は株間2〜3cm、大株にするものは株間10cmを目安として、間引きする。

■病虫害予防■

アブラムシ、アオムシ、クロムシ、キスジノハムシなどの虫害が多く発生する。虫の多い時期の播種を避け、春は早く、秋はやや遅めに播こう。ベタ掛けや防虫ネットで初期の害虫を防ぐと、元気に育つ。

①アブラムシ

窒素過多や、厚播きして風通しが悪いと、発生する。果菜類の多肥栽培の後作は無肥料でよく育つ。

②白さび病

生育中期に葉に白い斑点が生じる。厚播きせず、窒素過剰にならないようにして防ぐ。

③根コブ病

1カ所に発生すると、人や機械の移動によっても次々と広がる。根コブ病

抵抗性品種の使用、良質堆肥の投入、排水をよくする、緑肥の導入、アブラナ科作物との連作を避けるなどを組み合わせて防ぐ。

■輪　作■

　小松菜は連作障害の少ない野菜とされる。ただし、アブラナ科の野菜は種類が多く、それらを連作すると虫や病気が増え、微量要素欠乏も起きやすい。アブラナ科以外の野菜（ネギ類、ホウレンソウ、果菜類、イモ類、マメ類、雑穀）との輪作を心がけたい。

　次のような輪作の例が挙げられる。
　①小松菜－人参－キャベツ、レタス
　②タマネギ－小松菜－サトイモ
　③トウモロコシ－小松菜－枝豆
　④サトイモ－小松菜、冬菜－トウモロコシ

■古い種子を大事に使おう■

　小松菜は順調に生育すると、すぐ大きくなり、"大松菜"となってしまう。アブラナ科の種子は寿命が長いので、2～3年経った古い種子を播くと、生育が遅くなり、背丈が短く、がっちり育つ。余った種子は大切に保管し、翌年も使おう。冷蔵庫で保管するとよい。

■寒さ対策■

　東北地方では、冬にいかに青菜類を確保するかが課題となる。寒さに強く、地域に合った品種を選び、寒冷紗やベタ掛け資材を活用して、寒さを防ぐ。

■追　肥■

　春になって連続収穫する茎立菜などは、とくに追肥が必要になる。3月末～4月上旬に、有機肥料を1aあたり約10kg施そう。

■収　穫■

　春は播種後1カ月くらいで収穫できるほどに早く育つので、遅れないようにする。草丈が15～20cmになったら、間引き収穫を始めると、残した株がよく生育し、収量も多くなる。

■種採り■

　アブラナ科は交雑しやすい。残したい気に入った株を掘り取って、本葉10枚ころまでに他の畑に移す。300m四方にアブラナ科を栽培していないのが理想的。

　花が咲き、6月ころサヤに実が入って株が枯れ始めたら、遅れないように刈り取る。その後よく乾燥させ、たたいて種子を採り、唐箕やふるいを使って選別して保管する。

タマネギ〈ユリ科ネギ属〉

苗づくりが難しい、貯蔵を適切に

1 特性

原産は現在のイランと言われている。古代エジプトでピラミッドを建設した労働者の栄養源はタマネギとニンニクだったとも言われるほど古い野菜だ。

日本では明治時代になってから栽培が始まった。コレラが流行したとき、薬になるという理由で広まったという説もある。糖分、カリウム、リン、カルシウム、ビタミン類を多く含み、コレステロールを減らし、血液をサラサラにする効果も認められる。しかも、洋食にも和食にも合う。いまでは、一年中食卓に欠かせない野菜となった。

肥大するには15℃以上が必要だが、25℃以上では生育が停止し、冷涼を好む。日照時間(日長)に反応する品種(晩生種)と温度に反応する品種(主に早生種)がある。二本松市では、春の寒さのため極早生種は育たず、中早生〜晩生種が主体となる。地域に合った品種選びが重要だ。

晩生種は、日長が長くなると生育旺盛になり、エネルギーを蓄積する同化作用も活発化し、糖分を増して体内に蓄える。それゆえ、甘みがあり、貯蔵性にもすぐれる。

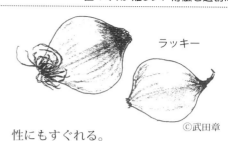

ラッキー
©武田章

2 品種

- ラッキー…晩生種で、甘みが強い。ヨーロッパのスイートスパニッシュの血をひく。病気に強く、貯蔵性にすぐれ、収穫は6月中〜下旬。
- ハッピー501…中早生種で、6月初旬から収穫可能。大きさがそろって育ち、収量も多い。
- ルージュ…品質良好な赤タマネギ。
- ネオアース…晩生種で、貯蔵性にすぐれている。

3 栽培

■苗 床■

苗床づくりが最重要となる。何より肥沃地を選ぼう。ただし、長ネギやタマネギの後地は病虫害予防のため避ける。肥料は必ず播種の1カ月くらい前までに施し、10cm程度の浅い耕起

を2～3回行って、土とよく混ぜ、なじませておく。PHは6.5～6.8が最適で、酸性のときは石灰の施用も必要となる。

1aの作付けに対して、苗床の面積は4～5㎡、種子は50～60ml必要だ。1㎡あたり堆肥3～5kg、ボカシ肥料か有機肥料1kg、ミネラル肥料0.5kg前後を施す。

私の畑は雑草の種子が多く、苗床の除草に苦労していた。そこで近年は、播種の1カ月くらい前に苗床づくりをしたあと、8月20日ごろに白ポリマルチを張る。8月末～9月初旬はマルチの中の土が70℃以上になり、発芽する表面3cmにある雑草の種子はほとんど死滅する（太陽熱消毒）。

苗床マルチをするようになって、苗床の雑草や立枯病に悩まされなくなった。雨上がりなど土の水分がやや多いほうが温度は上がるため、水分が少ないときは灌水してからマルチを張る。

■ 播　種 ■

あらゆる作物で苗半作と言われる。タマネギはとくに苗づくりが最重要となり、苗八分作だ。播種適期の幅もきわめて短く、失敗すると播き直しがきかない。冬の寒さに耐えられる充実した苗が必要だが、大きすぎるととう立ちして、よい収穫ができない。

また、苗の太さが1cm以上に育ったときに低温にあうと、花芽分化が起きてとう立ちする。厳冬のときはとう立ちせずに増収する場合もあるが、暖冬のときは全滅の危険性もあり、注意が必要だ。全体の5％前後のとう立ちがいちばん増収できるので、苗の大きさ、とくに播種時期に気をつける。

二本松市では、以前は9月5日が播種適期だった。現在は温暖化のため、苗の育ちすぎや病害虫に悩まされるので、約10日遅らせて9月15日が適期だ。自分の地域の播種適期を知ることが何より大事になる。

苗床の白ポリマルチをはがしながら、5～6cm間隔に、深さ約0.5cm

私の耕起から定植までのスケジュール

月	8		9			10		11
日	10	20	10～15	15～20		5～10		5～10
作業	施肥・耕起	耕起・マルチ張り・灌水	白ポリマルチ・播種・覆土	灌水・もみ殻をかけてわらで覆う	わらの除去	間引き	中耕・除草	定植

の播き溝をつけ、2～3ミリ間隔に種子を播く。覆土は、川砂を0.5cmの厚さにかける。その後十分に灌水して、もみ殻を1cmの厚さにかける。

9月は乾燥がまだ激しい時期なので、もう1回灌水してから、わらを3～5cmの厚さにかけ、乾燥と地温の上昇を防ぎ、発芽を助ける。

苗床づくりを万全にしたにもかかわらず発芽不良を起こす場合は、ほとんどが水分不足による。また、立枯病菌の混入を防ぐために、野積みではなく、乾燥したわらやもみ殻を用いる。

播種後5日前後で発芽するので、遅れないようにわらを取り除く。必ず夕方に行い、直射日光が急に幼芽にあたらないように配慮しよう。

播種後1カ月弱（10月5～10日）で間引き、中耕・除草作業を行う。苗の伸びが悪かったり、乾燥が激しいと、灌水や液肥の追肥が必要なときもある。

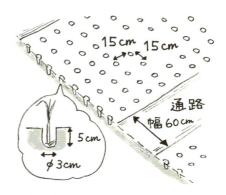

■定　植■

播種後55～60日が適期。苗の大きさは1本4g前後、背丈20～25cm、丸い箸の太さが理想的（イラスト参照）。株間の間隔は15cm×15cmで、私は8条植え、通路幅60cm、1aあたり3500本を目安としている。

手づくりの穴開け器で直径3cm、深さ5～6cmの穴を縦横15cm間隔に開けて、植え付ける。浅植えすると、冬の寒さで苗の浮き上がりがひどくなるから、5～6cmの深植えとする。

春先、早めに畑を見回って、露出し

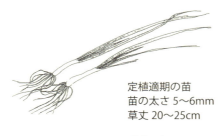

定植適期の苗
苗の太さ 5～6mm
草丈 20～25cm

©武田章

手づくりの穴開け器で植え穴を開ける

第3章　葉・茎を食べる野菜 ― 101

私の栽培スケジュール

1	2	3	4	5	6	7	8	9	10	11	12 |(月)

○播種、▲定植、■中耕・除草、▨収穫。

た根を足で踏みつけたり、植え直すのも、重要な作業となる。

元肥（1aあたり）
- 堆肥　200〜300kg
- ボカシ肥料か有機肥料　20〜30kg
- ミネラル肥料　10〜20kg

追肥は畑の肥沃度による。必要なときは、必ず3月末までに終える。遅い追肥をすると、病気に弱くなり、貯蔵性も劣るので、十分に注意しよう。

栄養不足では収量が上がらず、栄養過多で葉がねじれるように育つと病気に弱くなる。適度な肥料と、土づくりによる栽培が基本である。

■中耕除草■

ネギ類は葉が細く、地面を覆う部分が少ないので、雑草が生えやすい。寒

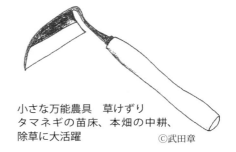

小さな万能農具　草けずり
タマネギの苗床、本畑の中耕、除草に大活躍
©武田章

い地方では雪で土が固くなることもある。

したがって、地中への酸素供給のためにも小さな草けずりで株間を中耕すると、生育がよくなる。4月上旬と5月上・中旬に2回の中耕・除草をして生育を助けるとともに、雑草の繁茂で風通しが悪くなって発生する病気を予防しよう。

輪作体系

前作	1作目	2作目	3作目
ジャガイモ—ソバ—タマネギ ———————— 人参 ———————— 春大根
ナス・トマト ———— タマネギ ———— 夏秋キュウリ—ホウレンソウ— 春キャベツなど
タマネギ ———— トウモロコシ ———————— 冬菜 ———————— カボチャ

■**輪　作**■

ネギ類以外のほとんどの作物と輪作できる。また、多肥栽培なので、後作は残肥でよく育つ。無肥料で、病害虫が少ない栽培ができる。とくに、人参やトウモロコシがよく育つほか、夏秋キュウリは病害が少ない(表参照)。

■**病虫害予防**■

以下の基本技術を守って栽培する。

①初めてつくる畑では通常病気の発生は少ないので、できるだけ輪作する。

②肥料は、窒素過剰にせず、ミネラル分の補給をする。

③4月以降の追肥は控えて、通風をよくする。

■**収穫・貯蔵**■

成熟すると茎が倒れ、収穫適期と言われる。ただし、茎が倒れても病気が発生せず、葉が青ければ、まだ育つ。茎葉が半分ほど枯れたときが適期だ。

収穫の6月は雨が多い。天気予報を参考にして、できるだけ晴天の日に収穫すれば、貯蔵性を高められる。収穫の際は、茎を10〜15cm残して切り取ってから、乾燥する。

長い場合は8〜9カ月後に出荷するので、上手な貯蔵が重要な作業となる。5〜6個を束ねて吊す方法が一般的。

私は量が多くて労力的に大変なので、野菜やイネの苗床であるパイプハウスで乾燥している。ただし、真夏日になると日焼けを起こすので、ダイオシートやシルバーシートで必ずパイプハウスを覆う。その後、長く貯蔵するものは冷蔵庫に入れて、3〜5℃で保管するとよい。

4　葉タマネギの栽培

タマネギや長ネギの端境期となる4〜5月に収穫・出荷できる葉タマネギも大切な作物だ。

植え付けは10〜11月に行う。50cmの畝幅で溝をつけ、出荷できない小さいタマネギや早く芽が出たタマネギを、株間5〜10cmに1個ずつ並べて植え付け、浅く土で覆う。春先に10〜15cm土寄せすると、美味な葉タマネギが収穫できる。

ネ　ギ〈ユリ科ネギ属〉

多肥を要すが、過肥は避ける

1　特　性

　一年中栽培され、食卓になくてはならない。ネギが主役の料理はほとんどないが、脇役としての役割はたいへん大きい。地味だけれど、貴重な野菜である。

　原産地は中国西部と言われ、中国でもっとも古い野菜とされる。2000年前から栽培され、漢民族にとって香りや薬効も含めて重要であった。日本には5世紀ごろに、寒さに強い品種群がシベリア、朝鮮を経て入る一方で、葉ネギは琉球から関西地方を中心に広がっていく。どちらも各地に定着し、風土に合った独特な品種が生まれ、親しまれてきた。

　生育適温は15～20℃で、冷涼な気候を好む。15℃以下や25℃以上では発芽しない。

　多年生で、葉は葉鞘と葉身からなる。土寄せして葉鞘を軟白させた根深ネギと、主に葉を利用する葉ネギに、大きく分けられる。

　二本松市では曲がりネギの栽培が主流で、須賀川市の安藤源吾氏が1928年(昭和3年)ごろに改良して作出した源吾ネギが多く用いられていた(曲がりネギは福島、仙台が産地)。現在では**一本太葱(根深ネギ)**が急速に広がり、年間通しての栽培が増えている。葉ネギの栽培は少ない。

　ここでは、根深ネギ、曲がりネギ、坊主不知を主とした周年栽培を記す。

2　品　種

　代表的な根深ネギに、寒さに強い加賀ネギ群がある。品種は、**加賀ネギ、下仁田ネギ、岩槻ネギ**など。関東地方で広まった**千住ネギ群**は、葉身はやや固いが、葉鞘が長い。分けつしにくい特性を生かして改良され、全国に広まっていく。そのほか、分けつして不抽苔性(とう立ちしない)の**坊主不知**や**ヤグラネギ**などがある。

①夏どり栽培

　白妙…極早生種で、育ちが早い。2

分けつネギ
（坊主不知）

ⓒ武田章

月下旬に播いて7月下旬から収穫できる。

②秋～冬どり栽培

ホワイトタイガー…つくりやすく、二本松市周辺で多く栽培されている。

羽緑一本太…極晩抽性種で、とう立ちが遅く、5～6月どりができる。

③曲がりネギ栽培

源吾…古くからある代表的品種。やや病気に弱いが、柔らかく美味しい。

④分けつネギ栽培

坊主不知…とう立ちが遅く、6～7月どりができる。ばらして1本植えすると、20本にも分けつする。肥料は多めに施す。

3 栽 培

■作 型■

①根深ネギの夏どり栽培

一般のネギは10℃以下の低温が30日以上続くと、春に坊主(花芽)が出て花が咲き、種子を残す。しかし、花が咲くと固くなって食用に向かないので、2月上旬に温床に種播きして7～9月の収穫を目指す。

発芽には15～25℃を必要とするので、必ず温床にして、育苗箱やペーパーポットに播く。果菜類と同じ床土を使用している。

②根深ネギの秋～冬どり栽培

4～5月に播き、真夏になる前に定植する。一般の秋～冬ネギとともに羽緑一本太のような晩抽性品種も播くと、翌年春まで長く収穫できる。

私の栽培スケジュール

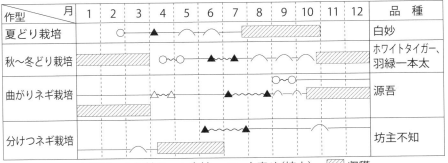

○播種、△仮植え、▲定植、⌒土寄せ(培土)、▨収穫。

③曲がりネギ栽培

9月に播種し、翌年4月に仮植えして、7〜8月に定植する。このとき、やや斜めに植え、その後土寄せすると、ほどよく曲がり、秋〜冬に柔らかく育つ。収穫は10月中旬〜3月。

④分けつネギ栽培

花が咲かず、分けつして繁殖する。花芽は坊主の頭のように球となって出てくるので坊主という。この坊主が出ないので、坊主不知と呼ばれる。分けつ力が旺盛で、一般のネギから坊主が出て種採りをするころ、主に4〜6月に収穫できる。家庭用ならば、一年中食べることもできる。

主に6〜7月に分けつした株をバラして1本植えする。畝間は80〜90cm、株間は30cm。

■播種・育苗■

根深ネギは生育期間が長く、初期生育が遅いので、育苗とする。前作にネギ類を栽培していない、肥沃で排水のよい畑を選ぶ。

種子は1aあたり60ml、苗床の面積は5㎡前後を必要とする。タマネギの苗づくりに準じるが、1㎡あたり堆肥2〜3kg、有機肥料300gを施す。

1m幅の苗床をつくり、条間12cmの間隔に溝をつけて筋播きとする。種子の間隔の目安は0.2〜0.3cm。覆土後、乾燥時は灌水して、もみ殻を厚さ1cmに散布する。

2〜3月播きはハウスで育苗する。

■土づくり■

酸性を嫌い、PH6.5が適している。生育期間が長く、肥料を多く必要とするので、肥沃地を選び、土づくりをしっかり行う。肥料に頼りすぎる栽培は、病気多発の原因となる。

元肥(1aあたり)
- 堆肥　200kg
- ボカシ肥料か有機肥料　15〜20kg
- ミネラル肥料　10〜15kg

生育を見て、土寄せ(培土)のとき5〜10kgの追肥をする。

■定　植■

根深ネギは播種から50〜60日後、草丈30cm前後で、箸の太さの苗が理想的。ネギの根はデリケートで、堆肥や有機肥料が直接触れると傷み、活着が遅れたり、枯死することもある。施肥は定植前、早めに行って土とよく混ぜるか、活着後に畝間に施す。

植え付けは、畝幅1m、株間12cmとして、1株2〜3本植え。排水のよい畑は、10〜15cmの溝を掘って底に植えると、土寄せが多くできるので、

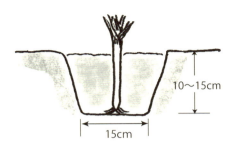

軟白部を長くできる。

■土寄せ■

重要な作業が土寄せ（培土）。育ち具合を見ながら、2〜3回行う。

根深ネギの場合、最初は定植後1カ月くらいで、その後20〜30日ごとに行う。このとき生長点である分けつ部を埋めず、葉の3cm下まで土寄せする。面積が広いときは、小型管理機にネギローターを装着すれば、あまり根を切らずにうまく土寄せできる。ネギローターは植え付けの溝掘りにも使用する。

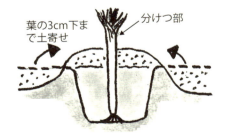

曲がりネギの場合は一度に多くせず、除草を兼ねて10〜15cmの土寄せとする。

分けつネギは分けつが確保されてから行う。方法は根深ネギと同じ。

一度に大量の土寄せをすると、育ちを阻害するので、2〜4回に分けて行おう。

小型管理機にネギローターを装着し、土寄せ（培土）作業を行う

■輪　作■

連作も可能だが、無農薬栽培では2〜3年の輪作が無難だ。タマネギ以外の多くの作物との組み合わせができる（表参照）。後作も、肥料の欲しいホウレンソウ、病害虫に悩まされるナスやカブなど、あらゆる作物との輪作が可能だ。

輪作体系

1作目	2作目	3作目
ネギ	春野菜（カブ、大根）	ホウレンソウ
ネギ	果菜類（ナスなど）	秋野菜
秋野菜（白菜、キャベツ）	ネギ	人参、ゴボウ

■**病虫害予防**■

　葉は水分を嫌い、寄せ付けない。一般栽培の人からも農薬は効かないというボヤキを聞く。何より予防が肝心。次のことに心がけてほしい。

　①栄養過多にしない土づくり。
　②排水のよい畑を選ぶ。
　③雨降りや降雨直後は作業しない。
　④風通しをよくする(密植を避ける、除草をする)。
　⑤土寄せ(培土)作業のとき、できるだけ根を傷めない。
　⑥定植後はこまめに見まわって、ヨトウムシを捕殺する。
　⑦連作を避ける。

■**収　穫**■

　いつでも収穫でき、食べられる。ただし、初夏～秋に収穫する品種(白妙など)は遅れると堅くなるから、適期の収穫が求められる。

　生育が止まって40日後くらいが収穫適期。自家用が食べきれないときは、掘り取ってから植え直してもよい。種採り用以外のものは春に出た坊主を取れば、新しい芽が出て、柔らかく美味しく食べられる。このように生命力旺盛なので、その特性を生かして栽培しよう。

　坊主知らずも栽培すると、端境期がなくなり、一年中出荷できるし、食卓で味わえる。

■**種採り**■

　他の作物との交雑が少なく、自家採取が楽しい。昔の固定種も多いので、手軽に種採りできる。私は源吾ネギ系の種採りを続けてきた。

　固定種は柔らかくて美味しい。一方、一代雑種は、台風で倒れない、冬の寒さでも葉が枯れない、軟白部が長くて収穫調整が楽と、出荷用にはよいことずくめだ(ただし、葉や茎が堅い)。両者の使い分けも必要で、今後の課題である。

第4章 根を食べる野菜

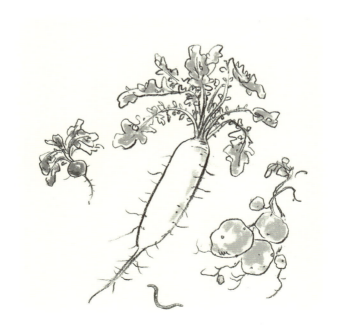

大　根 〈アブラナ科〉

難しい｜普通｜やさしい
春は容易、秋は遅く播く

1　特　性

　春の七草のひとつであるすずしろは大根のこと。だから日本古来の野菜と思いがちだが、原産はヨーロッパの地中海沿岸と言われる。古代から食用や薬用として栽培され、ピラミッドを建設した労働者もタマネギやニンニクとともに、力が出る野菜として重宝していたそうだ。

　日本にはシルクロードから中国を経て弥生時代に渡来し、稲作とともに広がった。当時から現代に近い品種があったと言われている。

　ビタミンCとジアスターゼが豊富に含まれ、ジアスターゼは米のデンプンを糖化する消化酵素として最高。米食による体液の酸性化も、大根の高いアルカリ度が中和してくれる。こうして、米食民族の生活の知恵として定着していった。三浦大根、練馬大根など地名が付いたものが100以上ある。

　また、葉から根まで捨てるところなく食べられ、保存や加工の方法も数えきれないほど。冷害や飢饉、そして食糧難の時代には、カテ食（米と混ぜて炊くなどして、腹を満たすために補助的に用いた食材）としても、日本人の生存を支えてきた。

　生育適温は18〜20℃で、冷涼な気候を好むため、春早くか、秋〜冬どりが一般的。とはいえ、高冷地での夏どり栽培により、いまでは店頭に一年中並ぶ。暑さや連作のため、夏は病害虫が発生しやすい。

2　品　種

　主流は、東京都の練馬大根群と愛知県の宮重大根群。それらの自然交雑や選抜、そして一代交配により、数多くの品種が生まれた。外国人が見てびっくり仰天する桜島大根や聖護院大根もあり、二本松市でも昔は、沢庵や冬期貯蔵に最適の赤筋大根という品種があった。現在は、青首系品種一色の勢いだが、長年各地の風土に慣れ親しんだ品種を見直すときだと思う。

　以前は、春大根と言えば、2年子大根や時無大根といった、秋大根に比べて小さく硬い品種しかなかった。私が野菜づくりを本格的に始めた昭和40年代になると、宮城県の種苗会社が春早生という秋大根に劣らない極晩抽性の春播き専用種を開発。種子を必死に求める農家も多く見られたが、数年後には品種改良の成果もあり、他の種苗

会社が対抗して新品種を作出し、騒ぎはおさまった。

①春播き栽培

若宮2号、春のいぶき…晩抽性種で、低温でもよく育ち、品質がよい。

貴宮…4〜5月播き、品質がよい。

②夏播き栽培

夏つかさ…病気に強く、つくりやすい。晩春播き、秋播きでも可。

③秋播き栽培

夏つかさ、英才、冬の宮…病気に強く、す入り（スカスカになる状態）が遅く、品質がよい。貯蔵用として作付けしている。英才は夏播きでも可。

3 栽　培

■作　型■

①春播き栽培

雪解けを待って、最初は2月末から3月上旬に播く。以前はビニールトンネル栽培していたが、現在は管理が楽な不織布などのベタ掛け栽培。4条（3425）の白ポリマルチをして、地温を確保する。

3月末と4月末にも播種し、収穫期を広げている。花芽は低温によって誘発されるので（低温感応性）、必ず晩抽性の春播き専用種を用いる。

②夏播き栽培

8月下旬に播く。病害虫が多いので、面積は少なくしている。ポリマルチによる太陽熱消毒をした後に播き、間引きするまでは防虫ネットで覆う。

③秋播き栽培

9月10〜15日ごろに播く。翌年春までの貯蔵用なので、面積は多い。

■土づくり■

大根十耕と言い伝えられてきた。耕せば耕すほど土が軟らかくなり、大根がスーっと地中に長く伸び、よく育つという意味だ。未熟な堆肥の施用は禁物で、前作に施しておくほうがよい。また、弱酸性（PH5〜6）を好み、PHが

私の栽培スケジュール

作型＼月	1	2	3	4	5	6	7	8	9	10	11	12	品　種
春播き栽培①		○⌒■			▨								若宮2号、春のいぶき
春播き栽培②			○⌒■			▨							若宮2号、春のいぶき
春播き栽培③				○⌒■			▨						貴宮、若宮2号
夏播き栽培								○⌒■		▨			夏つかさ、英才
秋播き栽培									○⌒■		▨		夏つかさ、英才、冬の宮

○ 播種、⌒ ベタ掛け、■ 間引き、▨ 収穫。

高くなると肌が悪くなるので、石灰の施用には注意する。

■ 施　肥 ■

元肥中心とする。窒素分が多すぎると病気が発生するので、前作や肥沃度によって加減しよう。播種の10日前までに施し、耕起を2〜3回繰り返す。

元肥（1aあたり）
◉完熟堆肥　150kg
◉ボカシ肥料か有機肥料　5〜10kg
◉ミネラル肥料　5〜10kg

■ 播　種 ■

現在は手押し播種機を使って播くことが多い。春播き栽培は25cm×25cmの4条播き、8〜9月の乾燥期（夏播き栽培、秋播き栽培）は、60cmの畝幅とし、30cmの株間に自分の足あとをつけて1カ所3〜4粒ほど播くと、よく発芽する。足で踏みつけることによって、水分が保たれるためだ。覆土は種子の2〜3倍で、厚さ0.5〜1cm。

■ 間引き ■

重要な作業で、早すぎず、遅れないように1〜2回行う。幼苗期はきょうだいが多いほうが競い合って成長し、虫害も分散される。草丈15cmになったころ1本を残して間引きし、葉大根として食べたり出荷する。

■ 中耕・除草 ■

土への酸素供給も兼ねて、間引きを終えたら15日程度で中耕する。間引き前の中耕は、葉が傷み、泥のはね上がりで汚れるので、避けよう。

■ 輪　作 ■

連作が続くと、土壌バランスが悪くなって良品がとれなくなり、虫害も増える。これまで何回も、大産地が消えるのを見聞きしてきた。大根はもちろん、アブラナ科との連作は避けること。ゴボウやネギと輪作すると、良品がとれる。栽培に窒素肥料をあまり必要としないので、私は果菜類との連作はしない。夏にエンバクやマリーゴールドなどの緑肥を作付けした後作がよい。

■ 病虫害対策 ■

夏播きと秋播き栽培では発芽直後からキスジノハムシやタネバエに悩まさ

輪作体系

前作	1作目	2作目	3作目	4作目
ゴボウ	春播き大根	長ネギ	長イモ	大根
ジャガイモ	秋播き大根	春レタス	白菜	春播き大根
夏ネギ	秋播き大根	ホウレンソウ	キャベツ	レタス

れ、商品価値がなくなる場合もある。収穫期には軟腐病、黒腐病(ぐされ)、萎黄病、ネグサレセンチュウも多い。対策は次のとおり。

　①連作をしない(2～3年ごとの作付け)。

　②夏播きと秋播き栽培は、播種時期をできるだけ遅くする。二本松市では9月15日ごろに播くと病虫害が少なく、肥大度もよいと言われてきた。各地域のベテラン生産者に栽培適期を聞いてみよう。

　③栄養過剰にしない(窒素分を少なくする)。

　④マリーゴールドなどを作付け、鋤き込む。

　⑤木炭粉や木酢液を施用する。

　⑥排水の悪い畑は10～15cmの高畝にする。

■収　穫■

　3月後半～4月の春播き栽培は、播種後2カ月くらいで収穫できる。梅雨期と高温期が近いので、早めに収穫して病害を減らす。

　夏播き栽培は10月中旬から収穫を始める。育ちがよいと貯蔵中にす入りも早いので、やはり早めの収穫を心がける。

　秋播き栽培は、12月中に貯蔵用の収穫を終えて貯蔵する。

■貯　蔵■

　冬になくてはならないので、貯蔵が大切。主に3つの方法があり、12月中～下旬に行う。いずれも大根が凍らないようにする。

　①一畝ごとに収穫し、残した大根に土を盛って覆う(2月まで貯蔵できる)。

　②幅30cm、深さ30～40cmの溝を掘り、葉付きのまま並べて、土を盛る(3月まで貯蔵できる)。

　③深さ50cmの穴を掘り、葉を切って並べ、土を盛って土まんじゅうのように覆う(長期貯蔵向き、4月まで貯蔵できる)。

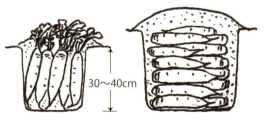

②葉付きのまま　　　③葉を切る

■加　工■

　捨てる部分がない。切り干し大根、凍み大根、沢庵、各種の漬物にできる。葉は栄養の宝庫で、干して乾燥して利用する。地方ごと、家ごとに伝わる加工方法があるはず。大事に守られてきた知恵を健康づくりに役立てたい。

人　参〈セリ科〉

発芽に注意

1　特　性

　私の野菜販売はセットが中心で、旬の野菜を8〜10種類詰め合わせて1週間に一回消費者に届けている。緑や白の野菜が多いなかで、人参やトマトの赤が入ると色合いのバランスがよく、セットが際立つ。これらはビタミンやカロチン（カロテン）を多く含み、健康野菜の代表選手だ。

　原産はアフガニスタンの山岳地帯とされる。12〜13世紀にヨーロッパに伝わったのが西洋系人参と言われる短根人参、アジアに伝わったのが東洋系人参と言われる長い人参だ。日本には中国から16世紀に伝わり、健康によく美味しいために広がっていく。江戸時代末期から明治時代初期にはヨーロッパから短い3〜5寸人参が導入され、現在の主流となった。

　初期生育は遅く、種播き後60〜120日によく育ち、カロチンを多く蓄積する。この期間の平均気温15〜20℃が最適だ。

　なお、薬用の朝鮮人参はウコギ科であり、まったく別種である。

2　品　種

　乾燥や寒さに強いが、寒さにあうと花が咲く性質がある。春播きは、幼苗期に寒さにあっても花芽ができない専用種を用いよう。

　暖地型の品種（黒田五寸人参など）は成熟すると、肩が地表面に出て、光が当たって緑色になったり、冬の寒さで傷むことが多いので、土寄せの必要がある。私は生育しても肩が地表に出ない冬越型の五寸人参と七寸人参を主力に作付けしている。

①春播き栽培

スーパー春蒔き五寸人参…春播き専用種。育ちは早くないが、間引き収穫にちょうどよい。

②夏播き、秋〜冬どり栽培

七寸人参…いろいろな種類があったが、最近は収穫が楽な五寸人参に押されて、作付が減っている。

ひとみ五寸人参…味がよいが、完熟すると割れが多くなる。

冬越五寸人参…種類が多い。根が地中深くに潜るため、寒さに強い。

アロマレッド…現在の主力品種。色が濃く、味がよく、完熟しても割れが少ない。

私の栽培スケジュール

作型＼月	1	2	3	4	5	6	7	8	9	10	11	12	品　種
春播き被覆栽培			○─○ ■	ベタ掛け		▨▨							スーパー春蒔き五寸人参
春播き栽培				○─○	■	▨▨							スーパー春蒔き五寸人参
夏播き、秋どり栽培							○─○	■		▨▨▨			七寸人参、ひとみ五寸人参
夏播き、冬どり栽培	▨▨▨	▨						○─○	■			▨▨	冬越五寸人参、アロマレッド

○ 播種、⌢ ベタ掛け、■ 間引き、▨ 収穫。

3　栽　培

■作　型■

①春播き被覆栽培

3月になって畑が乾いたら、すぐ播く。冬ネギやホウレンソウの後に前作の残肥を利用すると、よくできる。

以前はビニールトンネル栽培していたが、乾燥による発芽と生育の不良で、灌水に苦労した。現在はパオパオを使ったベタ掛け栽培にしており、発芽も生育もよい。

②春播き栽培

4月播種であれば、被覆なしの露地栽培ができる。ただし、収穫期が梅雨や高温となり、腐敗や病気が多く発生するので注意しよう。

③夏播き、秋～冬どり栽培

一般地での主流栽培。生育肥大期が9～10月で、適温のため、育ちも色もよい。ただし、7月の早播きは適期収穫しないと裂果や虫害が多くなるので、8月5～10日播きを多くしている。

発芽に光を必要とする（好光性）ので、覆土はごく浅く種子が隠れる5mm程度とする。この時期は真夏の乾燥と夕立ちで発芽不良になりがちである。

■土づくりと輪作■

作付けする直前の元肥は、発芽不良となったり、又根の原因となる。前作を考えた輪作を行い、元肥は無肥料として、生育中期に不足したときのみ追肥をする。

前作にたっぷりと堆肥や有機肥料を施し、残肥利用が理想的だ。ただし、前作がよくできた畑の場合は元肥が必要となる場合もある。

元肥（1aあたり）

● 完熟堆肥　150kg
● 有機肥料かボカシ肥料　15～20kg

輪作は、科と生育時期が異なる作物を選ぶ（表参照）。

輪作体系

作型	前作	1作目	2作目
春播き栽培	ホウレンソウ 冬ネギ	人参	秋野菜（キャベツ、白菜など）
夏播き栽培	タマネギ	人参	ジャガイモ

■播　種■

　春播きは簡単に発芽する。夏播きは、乾燥が激しいときは足で踏んで溝をつけ、灌水してから播き、浅く覆土する。そして、上に切りわらを撒いて、乾燥や夕立ちによる害を防ぐ。

　私は手押し播種機(93ページ参照)を使用し、ベタ掛けや除草対策のポリマルチをする関係で、幅1.2mの床をつくり、6条播きとしている。種子量は1aあたり70〜80ml。「発芽がそろえば8分作」と言われてきた。

■間引き■

　小さいときは、きょうだいが多いほど元気に育つ。とはいえ、1人立ちさせるには適期の十分な間引きが大切だ。薄播きとすれば、間引き収穫のみでよい。

　最初は本葉3枚目前後になったら2cm間隔に、2回目は6枚目ころ8〜10cm間隔に間引きし、その後は混み合っているところから早めの間引き収穫をする。葉は根以上に栄養価が高いうえ、間引きした葉は柔らかく、栄養価が高いので、ぜひ利用したい。

■除　草■

　無農薬栽培でも病害虫は少ないが、除草が問題だ。幼苗期の生育が遅いため雑草に負けやすい。肥沃で、雑草の種子の少ない畑が理想的。以前は、間引きのときに除草が大変だった。

　現在は、夏播きの場合、播種の2〜3週間前に白ポリマルチをして、太陽熱消毒を行い、表面の雑草の種子を殺している。この手法で無除草栽培が確立した。また、降雨直後に白マルチをすると水分の保持にも役立ち、発芽が安定する。

無除草の人参畑

■病虫害対策■

　生育中は少ないが、育ってから割れたり虫に喰い荒らされやすい。そこで、やや早めの収穫を心がけ、裂果の少ない品種を選ぶ。高温期の収穫を避けるために、春は早めに、秋はやや遅くに播こう。根コブセンチュウやしみ腐病*が発生する場合は、排水をよくし、連作を避ければ解決する。

＊根に3〜5mmの黒い亀裂(しみ)が生じる。収穫期に雨が多いと発生しやすい。

■収　穫■

春播き被覆栽培は6月初旬から間引収穫する。温度が高く、雨が多いと病気や裂果が多くなるので、早目の収穫を心がけよう。夏播き栽培は10月上旬から収穫を始め、11月中旬から本格的収穫となる。冬にネズミの害が少ない畑なら、そのまま置いても早春まで収穫できる。

■貯蔵と加工■

学校給食では毎日のように使用するので、貯蔵を適切に行いたい。3月上旬に掘り取り、洗ってポリ袋に入れ、冷蔵庫(0～3℃)で保管すると、2～3カ月は貯蔵できる。

また、ジュースに加工するのもよい。年間通して飲用できる。ただし、委託加工の受け入れは300kg以上の場合が多いので、グループでの加工がお勧めだ。

二本松有機農業研究会で委託加工した人参ジュース

■種子を採ろう■

他の野菜の花との交雑が少ないので、手間はかかるが、種子を採り、「自分の品種」にするのも楽しい。私はいま、割れがやや少なく寒さに強い七寸人参の種採りをしている。

品種の特性を備え、自分の好みにあったものを選抜するときは、見た目の美しさだけでなく、強く育つ野性味あるものも残すことが基本である。選抜した人参を1カ所に集めて3月に植え直すと、中旬には芽が出て花が咲き、7月ころに種子が採れる。

種子用に選抜した七寸人参

■ガン対策■

ゲルソン療法＊で末期ガンが完治したケースもある。その原動力は、玄米と人参と言われている。自分のためにも病気の方たちのためにも、本当に安全な人参づくりに励みたい。

＊ドイツのマックス・ゲルソン医学博士が提唱した食事療法。塩分、油脂類、動物性タンパク質をできるだけ避ける、大量の野菜ジュースを飲む、玄米やイモ類などの炭水化物を中心にするなど。

カブ〈アブラナ科〉

ネギの後作なら虫が少ない

1 特　性

　春の七草のスズナはカブのこと。形が鈴に似ているので「鈴菜」とも呼ばれたという。葉は栄養豊富で、古代ローマ時代から大事にされてきた。原産はアフガニスタン周辺と言われ、アブラナが原種とされる。

　アブラナにはたくさんの種類がある。花がたくさん咲いて実がよく実る品種は、油を搾るナタネとなった。そして、根が太く、食べると柔らかくて美味しく、寒さに強い株を選んで栽培を繰り返し、カブが誕生したと言われる。

　漢字では蕪と書く。これは「草の無い荒れ地でも育つ」という意味に取れる。中国には2000年前に伝わったという。日本でもイネより古くから栽培されていたと言われ、各地に土着し、それぞれの気候風土に合わせて発達した。

©武田章

　和種系と呼ばれるカブは、暖かい西日本で多く栽培されている。葉に切れ込みがある洋種系は、寒さに強い。中央アジアからシベリアで発達し、朝鮮半島を経て東日本を中心に栽培されるようになったようだ。

　若い葉も食べられ、太った実は冬の保存食としての役割もある。飢饉のときは飢えを救う救荒作物となった。家畜の冬のエサとしても貴重である。

　また、チンゲンサイ、山東菜（白菜）、ターサイ、タイサイ、サイシンなど中国料理に欠かせない野菜の多くが、カブの仲間だ。日本でも、菜花、小松菜、水菜、漬菜などが、アブラナやカブからの変異や交雑で生まれた。スターにはなれなくとも、万能選手の要素を強く感じさせる野菜だ。

　冷涼な気候を好み、10～20℃が生育適温。高温には弱いが、マイナス5℃程度の低温にも耐えるので、ハウスでは冬でも栽培できる。露地では3～4月と9月が播種の適期である。

2 品　種

　交雑が容易で、色も白、赤、紫とあり、多くの品種が生まれた。早い時期に日本へ渡来したものは、中～大カブ

がほとんどだ。

　小カブの歴史は新しい。金町小カブは東京を代表する品種で、日本の小カブは金町小カブがもとになって品種改良が進められた。そして、栽培が容易で、作期の幅が広く、柔らかく美味しいので、全国に広がっていく。一方、最近ローカル色豊かな品種が見直され、活躍しているようだ。

　私は次の品種を用いている。
　CR雪あかり小カブ…根コブ病抵抗性がある。味がよい。
　大野紅カブ…肉質が固いため寒さに強い。大カブとなり、栽培しやすい。漬物にすると色が鮮やか。
　耐病ひかりカブ…小カブから収穫でき、中～大カブに育つ万能タイプ。

3　栽　培

■作　型■
①春播き被覆栽培

　2月末～3月、畑が乾いたら最初に播くのは低温に強い品種だ。寒さと虫害予防のため、以前はビニールトンネル栽培だったが、現在はパオパオなどのベタ掛け栽培としている。灌水や換気の省力と風対策にもなる。
②4～5月播き
　資材を使わなくても播けるが、収穫期が暖かい時期と重なるため、虫害がひどくなる。あまりお勧めしない。
③秋播き栽培
　9月初めから播けるが、虫害が少なくなる中～下旬が適期。二本松市では15日ごろから播き始め、中～大カブも一緒に播く。小カブは9月末ころまでに播けば、年内から収穫できる。

■土づくり■
　浅根で短期間に大きく育つため、土づくりが大切なのは、言うまでもない。播種直前の有機質施用は害虫を呼ぶことにもなるので、早めに施そう。
　元肥（1aあたり）

私の栽培スケジュール

作型＼月	1	2	3	4	5	6	7	8	9	10	11	12	品種
春播き被覆栽培			○～■		//////								小カブ　CR雪あかり
秋播き栽培	//////								○～	//////			小カブ　CR雪あかり 中～大カブ　耐病ひかり

○種播き、■間引き、////収穫。

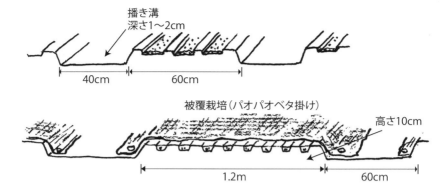

- 完熟堆肥　150〜200kg
- ボカシ肥料か有機肥料　10〜15kg
- ミネラル肥料　10kg

■**播　種**■

　被覆栽培(パオパオベタ掛け)は幅1.2m、高さ10cmの床をつくり、8条播きとする。私は播種機で播いている。15cm間隔に溝をつけて、手播きする方法もある。

　被覆しないときは、畝幅60cmとして、鍬で15cm幅の溝をつけて播く。排水の悪い畑は10〜15cmの高畝にしよう。

　種子が小さいので、密播きにならないように、1〜3cm間隔の目安で筋播きかバラ播きする。播き溝の深さは1〜2cm。覆土は浅く、種子が見えないくらい。5mm程度か、竹ぼうきで土と混和させるくらいでよい。土が乾燥しているときは、播き溝を足で踏んでから足跡に播くと、発芽がよくなる。

■**間引き**■

　小カブは株間5〜8cmにすると育ちがよくなる。本葉が出始めたころから2〜3回に分けて間引くと、そろったものがいっせいに収穫できる。密生部のみ間引きし、3cm程度に育ったら大きいものから間引き収穫すると、長く収穫できる。

　中〜大カブは株間10〜15cmになるように、2〜3回の間引きを徹底して、育つ領域を確保することが大切だ。

■**輪　作**■

　白菜、キャベツ、小松菜などアブラナ科との連作を避け、ネギ類、トウモロコシ、イモ類、雑穀、ホウレンソウなどとの組み合わせで病害虫を予防する(表参照)。とくに、ネギの後作はキスジノハムシの害が少なく、良品がと

輪作体系

作型	前作	1作目	2作目
春播き被覆栽培	長ネギ	カブ	トウモロコシ、雑穀
秋播き栽培	ジャガイモ、タマネギ	カブ	春野菜(キャベツ、ホウレンソウなど)

れるし、無肥料でよく育つ。

■病虫害対策■

①根コブ病

根コブがついて食べられなくなる場合がある。対策は、抵抗性品種を用いる、アブラナ科との連作を避ける、堆肥や緑肥の鋤き込みによって土壌環境をよくする、ネギ類、ムギ類、雑穀と輪作を行うなど。

②虫害

根も葉も甘いので、一緒に播く他の葉物より虫が多くつく。「虫とは競争しない」の原則により、春は早く、秋はやや遅めに播き、春播きはパオパオなどの資材をベタ掛けすると、生育促進と初期の防虫対策となる。

とくにキスジノハムシは、葉だけでなく、若い根も食べる。いったん傷つけられると、カブが太るにともなって傷跡が大きくなり、外観も味も悪くなる。連作を避けて、ネギ類の後作とすると、被害は減る。

■収　穫■

小カブは生長が速い。播種後50〜60日で、大きく育ったものから収穫する。遅れると葉が固くなり、割れたり、すが入ったりするし、虫の害も多くなるので、暖かい時期は早めに収穫しよう。秋播きの場合は、12月末までに土寄せするか、寒冷紗やベタ掛け資材をかけて寒さを防ぐと、2月ごろまで収穫できる。

播種後50〜60日で収穫
柔らかい葉も美味しい

第4章　根を食べる野菜

ラディッシュ〈アブラナ科〉

少しずつ播く

1 特性

　和名は二十日大根。生育が早く、春〜秋は20日間で成熟するから、野菜が少ない時期に重宝する（ただし、春早くと秋遅くに播く場合は、収穫まで30〜40日かかる）。また、色が鮮やかなので、野菜セットに入れると見栄えがよい。

　外観からカブの仲間と思われがちだが、素性は大根なので、辛みがある。カブより虫害が少ない。

2 品種

　コメット…低温でもよく育ち、そろいがよい。
　ティアルージュ…高温でもよく育ち、す入りが遅く、そろいもよい。

3 栽培

■作型■

　春播き（3月、4月）、秋播き（9月下旬、10月上〜中旬）と、年4〜5回、播ける。

■播種・間引き■

　溝をつけ、1〜2cm間隔になるように播く。密生した部分を間引く以外は、ほとんど何もしないでよい。

■施肥■

　短期栽培だから、前作の残肥を利用すれば無肥料でよく育つ。肥料が多すぎると不整形が多くなる。

■収穫■

　収穫が遅れるとすが入り、割れが多くなる。育ち具合を見て、早めの収穫を心がける。

私の栽培スケジュール

作型＼月	3	4	5	6	7	8	9	10	11
春播き栽培	○〜	〜〜○	▨▨						
秋播き栽培							○〜	〜○▨	▨

○種播、▨収穫。

ジャガイモ〈ナス科〉

難しい	普通	やさしい
		☺

栄養過多にしない

1 特 性

　イモ類は私たちの食生活に欠かせない。なかでも、ジャガイモはほぼ一年中食卓にのぼり、作付面積も収穫量も野菜のなかで最大である。全国どこでもつくられ、どんな気候や土質に対しても適応性がある。

　とくに冷涼な気候を好むため、冷害時にもよくできる。「餓死いも」「お助けいも」とも呼ばれるように、江戸時代に救荒作物として急速に普及した。

　主成分はデンプンだが、良質のビタミンCが多く含まれる。他の野菜に含まれるビタミンCは熱に弱いのに対して、長時間煮てもデンプンがビタミンCを包み込み、ほとんど逃がさずに残る。ビタミンCは肌を白くし、ハリをもたせ、若さを保つ効果があるうえに、ストレスを和らげる働きもあると言われる。

　肉食を好む西欧人のジャガイモ消費量が多いのは、良質な繊維が多く、アルカリ性食品で、肉類の酸性を中和する働きがあるからだ。ビタミンCの働きと相まって、心臓病、動脈硬化、大腸ガンなどを予防する働きがあるとも言われる。また、塩分の取りすぎも防ぐ。地味だが、現代に適応する大切な作物である。

　原産は南米アンデスの山地で、アメリカ大陸では古くから多くの品種が栽培されていた。各地に広まったのは、コロンブスの新大陸発見（1492年）以後である。現在は、小麦、肉、牛乳と並んで現代ヨーロッパの4大食品のひとつとされている。

　最初にヨーロッパに持ち込まれたころは気候に合わず、品種の選択と改良も進んでいなかったため茎や花ばかりで、食料になるほどのイモは育たなかった。主要作物となるまでには、さまざまな品種の導入と改良が多くの人たちによってなされたのである。

　日本には1580～90年ころ、オランダ人によってジャカルタ（インドネシア）から導入されたので、ジャガイモと呼ばれるようになったと言われる。

　九州や本州への伝来はサツマイモより100年ほど早い。しかし、サツマイモは味がよく、収量が多く、痩せ地でも育つ。加えて、1735年に青木昆陽によって華々しく江戸にデビューしたこともあり、飢饉のたびに生産が増え、全国に広まっていく。こうして表街道を歩んだのに対し、ジャガイモの歩みはゆっくりとしたものだった。

それは風味が劣り、収量が少なく、ウイルス病に弱く、種イモが著しく多く必要なためだと思われる。それでも、サツマイモの収量が少ない高冷地で主に普及し、天明（18世紀後半）や天保（19世紀前半）の大凶作が起こるたびに、救荒作物としての重要度が増していく。

明治時代になると、開拓とともに北海道に普及し、多くの品種が欧米から持ち込まれて改良され、全国に栽培が広がった。

2 品　種

他の作物にないくらい、品種が長続きする。私は数種類を作付けしてきたが、味と栽培の容易さから、主力は男爵である。そのほか、メークインと十勝こがねを小面積で栽培している。

男爵…1908年（明治41年）に北海道の川田龍吉男爵がイギリスのアイリッシュコブラーという品種を取り寄せて栽培し、改良した。日本の風土に適し、早熟で粒ぞろいがよく、デンプンが多い。日本人の口に合い美味しいという理由で、またたく間に日本中に広まり、100年以上にわたって王座を保っている。

メークイン…長楕円形で舌触りがよく、煮くずれしにくい。

キタアカリ…早く収穫でき、栗のようにホクホクしているが、煮くずれしやすい。

トヨシロ…多収。休眠期が長く、貯蔵しやすい。ポテトチップスに向く。

ワセシロ…早生で、多収。

とうや…早生の大きな丸いも。ストロン（地面を這う匍匐茎（ほふく））が長い。

北海こがね…肉質が黄色。多収で、栽培しやすい。

十勝こがね…ホクホクしている。風味と甘味がよく、貯蔵性がある。芽は少なく、浅い。

ベニアカリ…皮が赤く、ホクホクしている。

インカのめざめ…「アンデスの栗ジャガ」と呼ばれる、小粒で黄色。

キタムラサキ…皮も中身も紫色でアントシアニンを含む。中晩生種。

3 栽　培

根が発達する多くのイモ類と異なり、地下茎から出たストロンの先端が肥大してイモとなる。地下茎であるという特性を知り、栽培と貯蔵をしなければならない。

休眠期があり、収穫後約90日を過ぎないと芽が出ないので、秋作の種子には気をつける。生育温度は10〜23℃と言われ、28℃以上では生育が停止する。冷涼な気候を好むので、春早く植え付けるのが良品生産の決め手だ。

二本松市では春栽培のみで、3月末から4月上旬が植え付けの適期。あまり早植えをすると凍霜害の危険がある。

■種イモ■

ウイルス病に弱く、自家採種では収量が半減するので、優良な種イモを早めに確保しよう。1aあたり8〜10kg準備する。M玉(80〜120g)を2つ切りにするのがよい。

L玉の場合は3〜4つ切りにする。このとき、芽がたくさんある頂点を分散するように切り、1片を40〜60gとする。

S玉の場合は、芽の多い男爵なら、芽が2〜3個残るように、芽のある頂点のみを切る。芽の少ない十勝こがねなどは、必ず芽が1片に1〜2個残るように切る。

植え付け20日前ころから日光に当てると丈夫な芽を出し(浴光催芽)、増収するとも言われるが、効果ははっきりわからない。寒い時期に覆いをしたり、取り込んだりは大変だ。貯蔵中、寒さにあって凍ったり、逆に温度が高すぎて芽が伸びすぎないように注意することが大切である。

■土づくり■

弱酸性(PH5〜6)を好む。栄養が多すぎたりPHが高すぎると、そうか病にかかり、肌が悪くなるし、味も劣るので、肥料や石灰のやりすぎに注意しよう。多肥栽培のキャベツや白菜、ホウレンソウなどの後作のときは、窒素分の少ない堆肥のみでよく育つ。前作の残肥を考えて、栄養過多とならないようにしよう。3月に入ったら、元肥を全面散布して耕起する。

元肥(1aあたり)
- 堆肥　150〜200kg
- ボカシ肥料か有機肥料　10〜15kg
- ミネラル肥料　6〜8kg

■植え付け■

栽植距離は畝幅75〜80cm、株間35〜40cmとする。中耕・土寄せに機

私の栽培スケジュール

	3	4	5	6	7	8	(月)
種イモ準備 元肥・耕起	▲▲	◯		◯	▨▨▨▨▨▨		

▲植え付け、◯土寄せ、▨収穫。

械を使用するときは、機械に合った畝幅にして省力化を図る。

　植え付け溝は深さ10cmとし、切った面を上にして種イモを置く。覆土は10cm前後とする。私は一輪の管理機を使い、溝付けと覆土をして、省力化を図っている（右の写真を参照）。

■ 中耕・土寄せ ■

　芽が出始める4月下旬に軽く土寄せし（5cm）、5月中旬に十分に土寄せする（12cm）。土寄せする土が少ないと、イモの肥大にともない表面が露出して緑色になり、食べられなくなるので、重要な作業だ。株際が谷間になると梅雨期にイモの部分の排水が悪くなるから、十分に土寄せする。

一輪の管理機を使って溝付けと覆土を行う

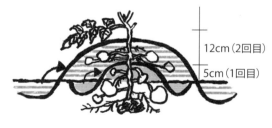

12cm（2回目）
5cm（1回目）

■ 輪　作 ■

　ナスやトマトなど同じナス科との組み合わせはできない。私は白菜、大根、ホウレンソウ、ネギ、キャベツ、小松菜、レタス、カボチャ、人参などと輪作し、2〜3年ごとに作付けしている（表参照）。

■ 病虫害予防 ■

　3大病虫害は、疫病、そうか病、テントウムシダマシ。

　疫病はジャガイモ、ナス、トマト、キュウリなど夏野菜に多く発生し、葉が茶褐色になって枯れる。そのため実に栄養がいきわたらず、収量が下がり、味も貯蔵性も悪くなる。

　そうか病は皮に病斑が生じ、スベスベした皮にならない。

　テントウムシダマシ（ニジュウヤホシテントウとも呼ばれる）はナス科やウリ科に多く発生し、葉を食べる。

　これらの対策は健全に育てることに尽きる。窒素過剰にすると軟弱になり、

輪作体系

1作目	2作目	3作目
ジャガイモ	秋播き大根	ネギ（夏どり）
ネギ（秋〜冬どり）	ジャガイモ	秋野菜（ホウレンソウ、冬菜など）
人参（冬どり）	ジャガイモ	白菜

病虫害に弱く、味も悪く、貯蔵性も劣る。土づくり、輪作、排水をよくするなど、基本技術を守ろう。テントウムシダマシの害は、5月上旬に葉の上から石灰を散布すると減少できる。

■ **収穫・貯蔵** ■

6月下旬から早掘りの収穫が始まるが、早期出荷用やすぐに食べる分だけにする。早堀りすると、皮がむけて貯蔵性が劣る。貯蔵用は、7月下旬～8月上旬に茎葉が枯れてから好天の日に掘り出す。

貯蔵する際は、納屋に1カ月ほど山積みして乾燥させる。光が当たらないように、必ずコモなどで覆いをして緑化を防ぐ。その後、腐敗したイモを取り除き、紙袋に入れて貯蔵する。冬は凍らないように1～10℃で。また、早くから暖かいところに貯蔵して芽が伸びすぎないように、注意しなければならない。

■ **栽培のポイント** ■

①種イモのウイルス病を防止するために、良質の種イモを選ぶ。

②適期に植え付け、生育期間を長くとる。

③イモの肥大と病虫害を予防するために、適正な施肥を心がける。

④土寄せで根の働きをよくし、地温の低下と緑化を防ぐ。

⑤有機質を施肥する際に、未熟な厩肥を避ける。

■ **カンプラ野郎** ■

二本松市では、ジャガイモを「カンプラ」と呼ぶ。私は子どものころ他の呼び名は知らず、もっぱら「カンプラ」と言っていた。春休みは植え付け、夏休みはカンプラ掘りが、子どもの重要な手伝いだった。

「カンプラ野郎」は、他人を蔑(さげす)む言葉として用いられる。これは江戸時代、長崎から導入されたイモが大冷害の年に領民の命を救ったことから、五穀(米・麦・豆・粟・キビ(ヒエ))に加えて、ジャガイモまで年貢作物に加えられてはたまらないと、表面上は蔑んだ農民の知恵であったと思う。

ちなみに、カンプラの語源はポルトガル語であると聞いていたが、福島県のある文献には、オランダ語の「アルド・アップル(土のリンゴ)」が語源で、アップルがアップラとなまり、転じてカンプラになったのだろうと書かれていた。限られた地域でしか使われていないけれど、ジャガイモの庶民性を表すこの言葉が大好きだ。

サトイモ 〈サトイモ科〉

難しい	普通	やさしい
		☺

病虫害は少ない

1 特 性

　日本の農耕文化は稲作文化に代表される。ただし、それが唯一ではない。稲作以前に、南方から伝えられた照葉樹林文化があったという学説が存在する。この照葉樹林文化はサトイモの利用に特徴づけられ、それに豆や粟などが加わって食文化（農耕文化）が発達していったという。

　正月や名月、祭りなどにサトイモを供えて食したのはその名残で、サトイモが古くから存在したことを物語っている。日本の農耕にとって忘れてはならない、古くから現代にまで続く貴重な作物だ。

　原産はインドからスリランカと言われる。高温多湿を好み、収量も多いため、インドネシア、マレー半島、中国南部に伝わって定着した。フィリピンやオセアニアなどの熱帯太平洋地域ではタロイモと呼ばれ、主食にしている民族も多い。タロイモはサトイモの仲間の総称で、その代表格がサトイモである。

　日本には、縄文時代後期から弥生時代初期に南方や中国から伝えられ、風土に合った品種が定着した。欧米では、栽培はされたものの、食用となるまでには至っていない。

　日本の山に自生するヤマノイモ（自然薯）に対して、家のまわりの低地（里）で栽培されるため、「里イモ」と呼ばれるようになったようだ。そのほか、「家イモ」「田イモ」「畠イモ」という呼び名もある。

　日本で大半を占める子イモ用品種は、温帯気候に向く畑イモだ。一方、熱帯性品種は高温多湿を好む親イモやズイキ（食用できるサトイモの葉柄）用品種が多く、水田や低地での栽培用。イモから葉柄まで幅広く利用され、食用とされてきた。

　他のイモとは肥大の仕方が違う。茎の基部が肥大し、そこに蓄積された養分によって子イモが育つ。生育適温は25～30℃と高く、発芽最低温度は15℃である。8℃以下の低温では越冬できない。肥沃で湿った土を好み、乾燥には極端に弱く、猛暑の夏は栽培に苦労する。とはいえ、畑を選べば、病害虫が少なく、比較的つくりやすい作物と言えるだろう。

2 品 種

　古くから各地に適応した品種がある

ので、それらを選んで作付けしたい。主な品種は次のとおりだ。

①子イモ用
土垂（どだれ）…つくりやすい。私の主力品種。
石川早生…早生種で、大きく育つ。

②親イモ用
八つ頭…関東地方で多くつくられている。

③兼用種
赤芽、セレベス…ズイキが美味しく、イモも育つ。少し作付けすると重宝する。

そのほか、ズイキ専用品種もある。八つ頭や赤芽は茎も美味しく、ズイキ用にも用いられている。

3　栽　培

■土づくり■

「入れた堆肥の量ほどイモがとれる」と言われる。これは、堆肥には保水性と通気性が備わっており、イモが地中で育つために両方の要素が必要だからである。このように多肥を好むので、肥沃な畑を選ぼう。ただし、初期に窒素分が多すぎると、葉ばかりが繁り、イモが育たず、栄養生長のみ盛んになる。追肥ができるように、元肥を加減する。

元肥（1aあたり）

● 堆肥　200～300kg
● 有機肥料　20kg

肥料は3月上旬に施し、土とよく混ぜておくとよい。追肥は6～7月に生育を見て、有機肥料10kgを畝間に施す。

■植え付け■

15℃以上にならないと発芽せず、霜にも弱いので、4月下旬～5月上旬が適期。早植栽培は、温床に伏せ込んで芽出しをする。移植には弱いので、第1葉が展開するころ早めに植え付けよう。

子イモ用品種は、一般に1個50g前後の子イモを植え付けるが、私は親イモも種イモとして用いている。1aあたり12～13kg（200個前後）必要だ。

湿った畑を好むと同時に、水分過剰になると種イモが腐ってしまう。そこで、乾燥する畑では溝を10cmくらい掘って植え付け、水分の多い畑では溝を浅くし、覆土して10～15cmの高畝とする。

覆土は種イモの1.5倍が基準で、子イモは6cm、親イモは10cm程度。葉が大きく、背丈が高くなるので、栽植距離は1～1.2mと広くとり、土寄せを十分にできるように配慮する。

イモは、芽の部分を上にして、切ら

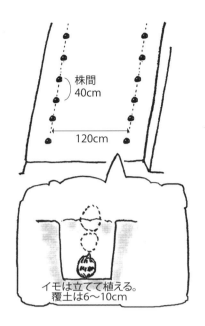

株間 40cm
120cm
イモは立てて植える。覆土は6〜10cm

ずに1個ずつ立てて植える。発芽までは20日以上かかる。

雑草対策を兼ねて黒ポリマルチをするのもよいが、芽がマルチの植え穴からはずれて出ることも多い。また、芽が出てくるとポリを持ち上げるので、ポリ穴を広げたり、ポリを破らないと芽が焼けて生育が悪くなる。こまめに見回り、芽が穴から出るように配慮することも大切だ。

■土寄せ■

イモの肥大は明るいところでは著しく劣り、青イモとなり、えぐみも出る。かといって、最初から深植えをしたり、一度に大量の土寄せをすると、地温が上がらず、酸素不足となり、よく育たない。必ず2〜3回に分けて、除草を兼ねて土寄せをする。その時期も重要だ。1回目は6月中旬、2回目は7月中〜下旬に行う。

真夏の雨の少ないときに中耕・土寄せし、根を切ってしまうと、生育が極端に悪くなる。最後の土寄せを7月末（東北地方の梅雨明け）に行い、敷きわらか敷き草をする。さらに、乾燥を嫌うので水やりをすると、よく育ち、良品がとれる。

また、種イモの芽が多くあり、茎がたくさん出たときは、親イモばかりが多くなるので、2本仕立てとして、他の茎は切り取って土寄せする。

なお、8月上〜中旬の乾燥が激しいときの中耕は、根を切られるストレスが大きく、生育が弱まる。7月末にできなかったときは、乾燥期を避け、8月下旬〜9月上旬に行うとよい。

私の栽培スケジュール

3	4	5	6	7	8	9	10	11	12	(月)
元肥耕起	▲ ▲		■		■	⌒	◯	▨▨▨▨▨		

▲ 植え付け、■ 中耕、⌒ 土寄せ、▨ 収穫。

輪作体系

前作	1作目	2作目
秋野菜（ホウレンソウ、白菜、大根）	サトイモ	春野菜（レタス、小松菜）、タマネギ（遅植え）

■ 輪　作 ■

　病虫害は少ないが、軟腐病でイモが傷んだり腐ったりするので、連作は避け、3～4年は空ける。私は、秋野菜（ホウレンソウ、白菜、大根など）─サトイモ─タマネギの組み合わせを中心としてきた。同じ科の作物はほとんどないので、輪作に貴重な作物である（表参照）。

■ 収穫・貯蔵 ■

　収穫は9月の中秋の名月（中～下旬）のころから。すぐに食べたり出荷する場合は、親イモと子イモをバラす。

　貯蔵する場合は、霜が2～3回降ったあと11月中旬～12月上旬に、必ず株ごと掘り取り、できるだけ傷をつけないようにして、子イモを付けたまま貯蔵する。

　貯蔵は、地下水の低い温暖なところに60～80cmの穴を掘り、必ず茎の切り口を下にして並べ、もみ殻で覆う。ハウスの中に穴を掘るようになってから、失敗は少なくなった。5℃以下にならなければ越冬できるので、暖地では畑での貯蔵もできるようだ。

　冬に多く食べるとともに、種イモが必要だから、貯蔵技術も工夫しよう。

■ イモガラ ■

　イモから茎まで食べられ、冬の保存食として貴重だ。イモガラ（ズイキ）は、切り取った茎の皮をむき、わらやビニールひもで吊るして、よく乾燥させたもの。昔はどの家の軒先にもイモガラが干されていた。

　最近、良質の繊維とビタミン補給に見直され、郷土食の材料としても珍重されている。水にもどしてから茹で、酢の物、味噌汁や煮物の具に使う。

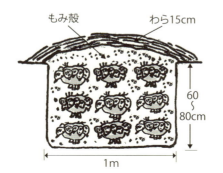

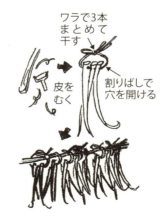

サツマイモ 〈ヒルガオ科〉

難しい 普通 やさしい
多肥を避ける

1 特　性

　総収量は野菜・イモ類のなかでジャガイモの次に多く、茎葉も家畜の飼料に利用できる。天候不順の年でも痩せ地でもよく育つため、食糧難のときの救世主的作物でもある。現在は味のよい品種が多く生まれて、食料に加工にと栽培が広がっている。イモのなかでは甘みが多いので、甘藷（かんしょ）とも言われる。秋にはサツマイモ畑が消費者や子どもたちとの楽しい交流の場となる。

　中南米原産との説が強い。コロンブスによりヨーロッパに伝えられ、世界中に広がったと言われている。日本には16世紀末ごろに、南方や中国から沖縄に伝えられ、17世紀末以降に鹿児島県で栽培された。そのため、鹿児島県の旧国名・薩摩に由来する「サツマイモ」と名付けられた。とても貴重なイモだったので、他国への持ち出し禁止令が出され、命がけで各地に伝播したという記録がある。当時としては革命的作物だったのだ。

　日本への食料輸入が途絶えた場合を想定し、2002年に農水省が「不測時の食料安全保障マニュアル」を発表し、「イモだらけの食卓」として話題になった（2012年に見直し）。国内の農産物だけで昭和20年代後半の摂取カロリーを確保するためには、イネや野菜の生産を最小限にして、主にイモからカロリーを摂取しなければならないというものだ。

　サツマイモは、同じ面積で米の2～3倍の人口を養える。このマニュアルでは、ご飯は朝夕1杯ずつ、肉は9日に1回、卵は7日に1回、牛乳は6日に1杯、味噌汁は2日に1杯と、献立まで例示された。

　デンプンが大半だが、100gあたりのビタミンCはミカンに次いで多い。カリウムも多く、良質な植物繊維が栄養と健康をもたらしてくれる。

　つる性で、つるが2～3mにも伸びる。根もつると同じほど伸び、他の作物が吸収できない土の栄養を吸収するので、痩せ地でもよく育つ。一方、肥沃地ではつるばかり伸び、栄養過剰（つるボケ）となり、肝心のイモが育たない。

　また、熱帯性作物で太陽を好む。葉をよく見ると、太陽の光を最大限に吸収できるように配列されている。冷害の年でも葉はたえず角度を変え、少ない光を有効に活用してデンプンを蓄積し、イモを育てているのだ。

栽培適温は20〜30℃とされる。高温ほどよく育つが、38℃以上では生育が鈍る。

根は吸収根と不定根に分かれている。吸収根は水や肥料を吸い上げる働きをする。細い根がたくさん出て、長く深く伸び、他の作物では吸えない肥料まで吸い上げる。不定根は葉の付け根から出る根で、イモに育つ。したがって、苗の植え方や活着の早さがイモを多く成らせるコツとなる。

2 品 種

私は育ちのよいベニアズマを栽培している。温暖な地方では、美味でよく育つ品種が多い。

紅あずま…東北地方でもよく育ち、つくりやすい。

紅はるか…味がよく、見た目もよい。干しイモにも向く。

3 栽 培

■育苗■

苗床に種イモを伏せ込んで苗をつくる。30℃以上でなければ発芽しないので、温床で育てる。家庭菜園では苗を買うのが一般的だ。

形がよく、病気のない種イモを選ぶ。1a分の苗をつくるのに5〜6kg用意する。両端は、切り口が10円玉くらいの大きさになるように切り落とす。両端に芽が集中して多く出るからだ。太い苗をつくるには、芽が出すぎるのを防がなければならない。

3月中〜下旬に、温床に畑の土を10cmほど入れ、イモの3分の2が隠れるくらいに土に埋め、もみ殻燻炭をかけてイモを覆う。さらにビニールトンネルを掛け、30℃前後になるように温度管理する。

芽が出て苗が育ったら、つるが30cm程度のときに、下から1〜2節を残して苗を切り取ると、2〜3回苗

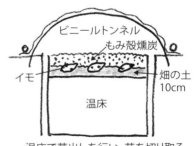

温床で芽出しを行い、苗を切り取る

私の栽培スケジュール

	3	4	5	6	7	8	9	10	11	(月)
	苗づくり			▲	■	■		収穫	小麦播種	

▲植え付け、■中耕、▨収穫。

をつくることができる。

　苗はポリやビニールを敷いたコンテナに立てて並べ、納屋の奥に置く。そして、2日に1回じょうろで水をかけてしおれないようにし、発根を促す（3～7日）。この方法なら、天候の具合を見て、雨の降りそうな前日まで保管できる。

■**土づくり**■
　根が深く張り、酸素の供給が必要なので、低窒素の落ち葉堆肥やもみ殻堆肥、粗大有機物の投入が大切だ。何よりも窒素過多にしてはならない。痩せている土でも、元肥は1aあたり米ぬか5～10kgで十分。ミネラル肥料も同量を施すとよいだろう。

■**植え付け**■
　6月上旬が適期。
　肥沃地の場合は、11月上旬に小麦を播き、その間作とする。あるいは、植える直下にわらや麦束を並べ、米ぬかを振り、土を盛って10～15cmの高畝にするとよい。わらを分解するのに窒素を吸収してサツマイモの栄養が少なくなり、つるボケを防ぐとともに、肥大期にはよい栄養源となる。
　私は11月上旬に1m間隔に筋状に播いた小麦の間に、30cm間隔で植え

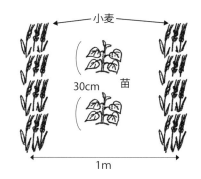

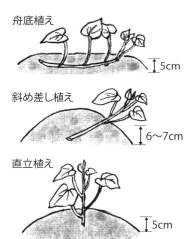

る。小麦は緑肥として植えるわけではないので、収穫する。コンバインが旋回する部分に植え付けなければ、苗を傷めずコンバインで刈り取ることができる。また、小麦が植えられているため半日陰になり、活着がよくなる。
　植え付けは、雨降りの前日を見計らって行う。好天続きのときは、植え付け前後に水やりをして活着を促す。植え付け方法はいろいろあり、私は舟

底植えをしている。

ポリマルチをした場合は、斜め差し植えが一般的だ。苗より少し太い竹で穴を開けて、苗を差し込む。また、短い苗は直立植えとする。

植え付け後約2週間から2回、中耕・除草する。その後はつるが伸びるので、雑草を手で取る。

■輪　作■

ヒルガオ科に属する野菜はほとんどないので、他の作物との輪作にはたいへん都合がよい。ただし、肥沃になるとつくりづらくなるので、前作はイネ科のキビやトウモロコシを作付けしている。連作も可能。昔から、つるをすき込めば連作しても味がよくなると言われてきた。

■病害虫予防■

ネコブセンチュウや黒あざ病が発生すると品質が低下する。前年に落花生を作付すると防止できる。

■収穫・貯蔵■

9月になり、イモが肥大したら、食べる分ずつ掘り取る。貯蔵用は10月下旬、霜が降りる前に掘り取る。必ず晴天の日に行い、乾かす。傷がつかないように株ごと掘り取るのがよい。

13℃未満では越冬できない。私はビニールハウス内に深さ1mの穴を掘り、もみ殻とわらをかけて貯蔵している。

貯蔵当初は非常に多く呼吸するので、必ず空気抜きを設ける。私は太さ5〜8cm、長さ1mの竹の節を抜いて用いている（イラスト参照）。量が多いときは、数本を用意しよう。

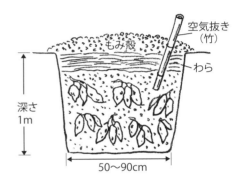

栽培のポイント

①つるボケにしないために、畑を選ぶ。

②良苗を選び、活着をよくするために、雨降りの前日に植える。好天続きの場合は、水分を補給する。

③つるが伸びる前に中耕し、雑草を抑える。

④排水対策と酸素供給のために、高畝栽培とする。

⑤13℃以上を保てる貯蔵庫を用意するか、穴を掘って貯蔵する。

ナガイモ〈ヤマノイモ科〉

適地を選ぼう

1 特 性

　中国原産で、日本でも古くから栽培されていたとされる。同じ仲間は、ヤマノイモ（自然薯）、イチョウイモ、ヤマトイモなど数多い。東北地方の低温ではナガイモがよく育つ。生育適温は20〜30℃。デンプンやビタミンCのほか、アミラーゼも多く含むので、消化を助ける。昔から薬用や滋養強壮剤としても用いられてきた。和菓子製造の原料としても貴重である。

　つる性なので、栽培には支柱が必要。ジャガイモやサトイモは茎が肥大するが、ナガイモは茎と根の中間的なものだ。

　つるにはムカゴという小さな球がたくさん付き、食べられる。ムカゴを地中に植えると、1年で小さな長イモとなり、さらに1〜2年培養すると種イモにできる。育ったイモを長さ10cm前後に切断して植えてもよい。近年では、春になると病気のない種イモが種苗店にたくさん並ぶ。

2 品 種

　名前のとおり、地中で80cm前後にまで伸びるので、掘り取りが大変だ。トックリイモは味がよく、やや短めで掘り取りやすい。少人数家族からも喜ばれる。各地に独特の品種があるので、それらを利用しよう。

3 栽 培

■土づくり■

　酸性を嫌い、ゴボウと同じ土地条件を好む（139ページ参照）ので、私はゴボウと同じ畑につくっている。ゴボウの後作に取り入れるのもよいが、3〜4年は空ける必要がある。

■植え付け■

　4月が適期。ムカゴから育てるか、前年に育てたイモを長さ10cm前後（60〜100g）に竹べらで切断して、種イモとして用いる。畝幅70〜80cm、株間30cm、深さは6〜7cmで植え、

私の栽培スケジュール

4	5	6	7	8	9	10	11	12	(月)
▲〜▲								//////	

▲植え付け、////// 収穫。

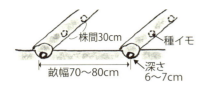

やや盛り上がるくらい（10cm）に覆土する。

■敷きわら・支柱立て・追肥■

栄養分は上部の根から吸収する。この吸肥根は非常にデリケートで、引き抜いた根でも傷むと言われるほどだ。そこで、早めに敷きわらをして上部の乾燥を防ぐとともに、雑草対策とする。なお、中耕による除草は、上部の根を切る恐れがあるために控える。

支柱は長さ2mくらいのしの竹で立てるのが一般的。面積が多く、竹の入手が困難なときは、ネットを張って支柱とする方法も増えている。

肥料は深く入れず、表面に施す。つるが伸び始めたら、ボカシ肥料などの有機肥料を2～3回に分けて、1aあたり20kg前後を施す。未熟堆肥は根に障害を与えるので、絶対に地中には施さない。表面に未熟堆肥を施すと乾燥を防ぎ、栄養も与えるので、生育がとてもよくなる。

■収　穫■

褐変物質を含むため、早掘りすると、すり下ろしたときに褐色になる場合がある。味に大きな影響はないが、商品価値は落ちる。この物質は、成熟していない生育途中に多く含まれている。霜が2～3回降り、葉が枯れた11月下旬以降に掘り取るのが、良品生産のコツ。

掘り取り作業は手間がかるが、地中にあるのだから、生育成果は掘り取らなければわからない。良品が次々と出てくるときは、掘り取りの疲れも忘れ、根菜づくりの醍醐味が味わえる。

■貯　蔵■

掘り取り後、乾燥したら、米袋などに入れて室内で貯蔵する。凍らなければ問題ない。貯蔵適温は4～5℃。春になると芽を出すが、冷蔵庫で保管すれば夏まで食べられる。

ゴボウ〈キク科〉

適地を選ぼう

1 特　性

　日本の代表的な野菜だが、食べるのは日本人のみと言われている。

　食生活が洋風化し、斜陽と見る向きもある。しかし、良質の繊維質を多く含み、冬の煮物やきんぴらなど、日本料理に欠かせない。他の野菜や肉の味を引き出すダシとしての地味な役割もある。とくに、有機栽培の味のよさは、多くの人たちが認めるところだ。生育適温は20〜25℃だが、30℃以上でも育つ。

　それにしても、なぜ日本だけで栽培が広がり、食べられてきたのだろうか。それは、主食である米との相性のよさからだろう。

　良質な粘りのある米を消化するには、良質の繊維質が必要とされる。繊維質は腸を掃除し、働きをよくして便通をスムーズにし、コレステロールを下げる。独特の味覚とともに、人間の体内において大きな働きをするゴボウは、稲作とともに発達してきた米食に必須の野菜なのである。

　大きな葉でしっかりと太陽エネルギーを受けとめ、根を地球の中心に向かって長く伸ばしていく。生育期は長く、食養（食養生）では、身体を温めて血管を締める陽性の野菜として重視されている。それは自然が与えてくれた恵みであり、調和なのだろう。

2 品　種

　江戸時代に、現在の東京都北区滝野川で改良・作出された滝野川大長ゴボウが主流となり、現在もつくられている。昭和に入ってからは、東京都練馬区の渡辺正好氏が渡辺早生、埼玉県三芳町の山田一雄氏が山田早生を、土地に合った品種として育成し、本人の名前が品種名として残っている。以前は、育成された土地の名前を取ったが、最近は改良者の名前が残ることが多い。先人たちの苦労と情熱が伝わってくる。

太平洋戦争中に捕虜にゴボウを食べさせたところ、木の根と誤解され、虐待として処罰されたという。ゴボウは美味しいのに…

千葉県の大浦(八日市場市)で発達した**大浦**ゴボウも有名だ。太く、真ん中が空洞になっている。そのなかに野菜などを詰めて精進料理に用いられ、広がってきた。

　他の野菜との交雑も一代交配種も少ないので、自家採種が容易にできる。自分のゴボウの作出は、今後の私たちの課題でもある。

3　栽　培

■土づくり■

　肥沃で、耕土が深く、排水がよく、石などの少ない畑が求められる。人工的に改良できる部分とできない部分があり、適地は限られるが、天地返しをして、60～90cmまで深く耕そう。

　ことわざに、「ナスは輪作、ゴボウは連作」「ゴボウ2年つくらぬバカ、3年つくるバカ」などがある。これは、掘り取りすれば深耕することになるので、2年目は楽してよいゴボウがとれるが、それ以上の連作を戒める言葉だ。たしかに、初めての土地なら2年は続けてよくできる。しかし、その後も良品生産を目指すなら、3～4年は空ける必要がある。

　また、酸性を嫌うので、PH6.6～6.8とホウレンソウ並みの土づくりを心がける。作付け直前の施肥は又根の原因となるので、前作に有機質肥料や堆肥を多量に施す土づくりを行う。長く深く伸びるのを助け、湿害を防ぐために、20cmの高畝にすることも大切だ。

元肥(1aあたり)
- 完熟堆肥　　200kg
- 有機肥料　　20～30kg
- 石灰肥料　　10～20kg

　前作の残肥を利用し、加減してほしい。有機肥料は半分を元肥として早めに施し、土とよく混和する。残りは追肥に使用する。未熟堆肥は使用しない(前作に入れる)。

　元肥にのみ多く施すと過繁茂となり、葉ばかり大きくなる。初期生育が遅いので、後半(肥大期)に栄養がまわるように配慮する。

■播　種■

　4～6月に播ける。冬どりの場合、5月末～6月中旬に播くと、柔らかい良品ができる。私は主に滝野川大長ゴボウを作付けしている。渡辺早生などの早生は短根で掘り取りが楽だが、生育期間が短いため早く成熟して太くなり、割れが多くなる。

　種子は1aあたり1.5～2dl必要。2～3cmに1粒の目安で播く。畝幅は70～80cm。高畝にすると乾燥する

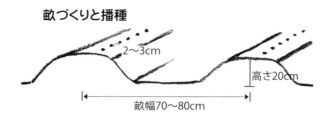

畝づくりと播種

ので、覆土後に足で踏んで鎮圧するか、鍬で土を押さえて種子と土を密着させて、発芽をよくする。

■間引き■

根菜類は、最初に根が競い合って、すーっと深く伸びていく。そのため、やや厚播きがよく、間引きが大切になる。

間引きは「天気のよい日中にせよ」と言われる。日差しが強いと、他と比べて勢いのよいものは又根になっていると判別できるからだ。双葉のころと本葉3枚目が出始めたころが間引きの適期。株間6〜9cmを目安とし、太いものを好む場合は広めにする。

双葉のときは葉が横によく開帳しているもの、本葉のときは長めで受光態勢のよいものを残す。生育旺盛だが大葉のもの、葉色が濃いもの、葉が垂れ下がっているもの、生育が遅れているものは、間引く。

■追　肥■

早生以外は生育期が長い。本葉5枚目ころから肥大期となり、肥料の吸収も多くなる。このころ（8月中旬）が追肥の適期だ。量の目安は1aあたり10〜15kg。

■管理作業■

生育の終盤に葉が大きくなって地表を覆うため、播種後15〜20日の早めの中耕・除草が肝心だ。湿害にはきわめて弱いので、梅雨や大雨のときは排水対策を適切に行う。

私の栽培スケジュール

| 5 | 6 | 7 | 8 | 9 | 10 | 11 | 12 | (月) |

○ 播種、■ 中耕・間引き、▨ 収穫。

■輪　作■

　肥沃で、耕土が深く、排水のよい適地は限られる。輪作と天地返しの深耕によって、良品生産を目指そう。病虫害は少ないが、連作すると、ところどころに黒の斑点が出る。その部分は食べられないし、生育も悪くなる。

　私は3年の輪作としている。長ネギ→ゴボウ→春大根→人参→ネギ→ゴボウの組み合わせ。ネギの後に作付けると土中の病害虫が少なくなり、良品が育つ。

■収穫・貯蔵■

　10月初旬から掘り取り始める（秋祭りに需要が多いため）。本格的には12月から掘り取り、春まで貯蔵する。寒さには強いので、畑や自宅の庭にまとめて埋めておくだけでよい。

　ただし、春は早くから芽を出し、品質が低下する。葉と茎を切り落とし、逆さにして埋めると、芽が出るのが遅れて、長く貯蔵でき、美味しく食べられる。貯蔵適温は5〜10℃、凍らなければよい。

　私は作付面積が多くないので、スコップで掘り取っている。近年はトレンチャーやユンボを利用した大量生産も増えているので、それらを有効利用した生産も念頭におきたい。

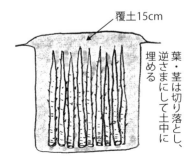

覆土15cm　葉・茎は切り落とし、逆さまにして土中に埋める

ショウガ〈ショウガ科〉

難しい　普通　やさしい

初期の雑草と貯蔵に注意

1 特 性

東洋の特産で、インドが原産地と言われる。日本でも古くから香辛料や薬用として用いられた記録があるそうだ。原産や適地がサトイモとよく似ているので、サトイモとともに持ち込まれ、定着したとも想定される。

乾燥を極端に嫌う。生育適温は25～30℃。真夏は半日陰でもよく育つので、サトイモの間作（120cm間隔で、交互の畝に作付け）とすると、育ちがよい。私は、サトイモの大きな葉についた水滴がショウガに落ちるくらいに作付けしている。

サトイモの間作にショウガを植える

2 品 種

一般的な小ショウガは、三州、金時、谷中などの在来種が中心だ。

3 栽 培

■肥培管理■

栽培管理、元肥、中耕はサトイモとまったく同じに行う(129・130ページ参照)。ただし、土寄せは必要ない。

湿地を好むが、排水が悪いと、種ショウガが腐って生育が鈍るので、畑によっては10～15cmの高畝にする。

また、夏の乾燥期に畝間に水やりをすると、よく育つ。

■植え付け■

大きな種ショウガは、1片50g前後に手で切り分ける。4月下旬～5月上旬に芽を上にして、株間15cmに植え付け、6～8cm覆土する。芽が出るまでに1カ月ほ

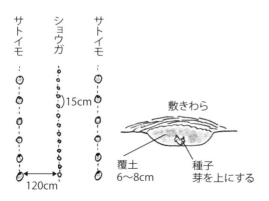

私の栽培スケジュール

3	4	5	6	7	8	9	10	11	(月)
元肥耕起	▲〜▲	■	■		葉ショウガ		根ショウガ		

▲植え付け、■中耕・除草、▨収穫。

どかかるので、初期除草が大切だ。植え付け後に敷きわらをすると、草を抑えて乾燥を防ぎ、後半はよい有機肥料となる。

神経質な野菜で、連作ではネマトーダ(センチュウ類)や根茎腐敗病などが発生する。連作せずに、排水をよくすれば、防げる。また、ネギ類の後作がよいとされている。

■ 輪　作 ■

肥沃で保水力のある畑を好むので、好条件の適地は限られる(サトイモも同じ)。1〜2年の輪作としているが、病気が発生したり生育不良のときは、3〜4年の輪作がよい。次のような輪作の例が挙げられる。

①ショウガ―サトイモ―ホウレンソウ―トウモロコシ

②ショウガ・サトイモ(混作)―タマネギ―トウモロコシ、人参―ショウガ・サトイモ(混作)

③ネギ―ショウガ・サトイモ(混作)―春野菜(キャベツ、ホウレンソウなど)

■ 収　穫 ■

8月末から葉ショウガとして収穫し、根ショウガは霜の降りる前、10月末に収穫して出荷・貯蔵する。

■ 貯　蔵 ■

貯蔵適温は15〜20℃。寒い地方以外は、自家用であれば、発泡スチロールなどの断熱効果のある容器に、土と川砂を半々に入れて、室内で貯蔵する。使用するときに簡単に取り出せる。

また、収穫後も腐らず、形がしっかりした種ショウガは貴重なので、ひねショウガ(2カ月以上貯蔵)として大切に食べたい。

ショウガは食卓の脇役として欠かせない

ニンニク〈ユリ科ネギ属〉

土づくりが重要

1 特　性

　原産は中央アジア周辺とされ、東西に分かれて古くから広まった。日本には中国、朝鮮半島を経て渡来し、野菜というより強壮剤などの薬用として栽培されていたという。古事記や万葉集にも記述があるほど古いが、栽培面積は少なかった。近年の需要拡大によって、青森県をはじめとして栽培が増えている。

　特有の臭みのもとはアリシンというアミノ酸で、ビタミン B1 と結びつくと、B1 より効果の高いアリチアミンという物質が生成されるという。アリチアミンは、すり下ろしたり細かく刻むと以下のような効果をより発揮する。

　①毛細血管を広げ、血行をよくして身体を温める。
　②胃液の分泌を促して食欲を増す。
　③消化をよくする。
　④寄生虫を駆除する。
　⑤殺菌力がある。

　そのため、冬のカゼや夏の食欲不振の防止によく用いられてきた。過労やストレスが蔓延する現代では、新陳代謝を高め、気分を高揚させる目的で、食用に薬品に多用されている。

　タマネギやラッキョウは葉の基部が太って大きくなるのに対し、ニンニクは葉の内側にできる側芽に似た数個の突起が発育肥大して鱗片となり、それを外側の葉が包んで結球する。そのためには一定期間低温にあうことが必要で、寒冷地向け品種を暖地で作付けすると低温不足で生育不良となる場合がある。また、生育中に根を切られると、弱って再生できないので、他のネギのように移植はできない。

　有機栽培では、ニンニクの殺菌作用と匂いによる虫の忌避効果を利用して、ストチュウの材料になくてはならない。輪作にも重宝されている。

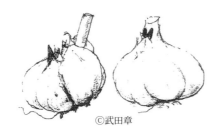

©武田章

2 品　種

　栄養繁殖なので、他の野菜のように品種は多くないが、地域に根付いた在来種もある。外皮の色が赤褐色のピンク系と白色のホワイト系に分類され

る。二本松市では主に、寒冷系のホワイト六片種が作付けされている。

種球は、ウイルス病がない種を購入することが多い。自家採取する場合は、病気の株を除いて、大きく育った種球を植えるように心がける。種球は1aにつき15kg前後必要だ。

7条植えされたニンニク

3 栽 培

■土づくり■

酸性を嫌い、マグネシウムを好むため、酸性の畑には苦土石灰を施す。痩せ地ではよく育たないので、肥沃地を選び、堆肥を多めに施す。

生育旺盛になるはずの春先に、乾燥による葉先枯れを発症する場合が多い。これを防ぎ、保水力を高めて排水をよくするためにも、良質堆肥を多く施すことがとくに大切で、増収の決め手となる。

元肥（1aあたり）
- 堆肥　200〜300kg
- 有機肥料かボカシ肥料　20kg前後
- ミネラル肥料　15kg
- 苦土石灰　10kg（酸性が強い畑の場合）

元肥は植え付けの1カ月前に施し、土づくりを図る。追肥は3月下旬〜4月上旬に、有機肥料を10kg前後施す。追肥の量が多いと貯蔵性が落ち、病気になることもあるので、元肥をしっかり施そう。また、追肥の時期が遅れないように注意する。

■植え付け■

10月が適期。私は10月末〜11月中旬に植え付けることが多い。畝間60〜100cm、2〜7条植え、株間15cm前後、通路幅60cmも、ほぼタマネギと同じだ。なお、大球どりをするには、タマネギより植え付け間隔を

私の栽培スケジュール

1	2	3	4	5	6	7	8	9	10	11	12	(月)
			■	■	▨			種球準備 元肥・耕起	▲	〜		

▲ 植え付け、■ 除草・除けつ、▨ 収穫。

2条植えと7条植え

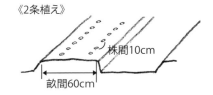
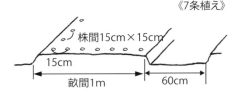

20％くらい広くするとよい。乾燥する畑は平畝に、排水のよくない畑は10cmの高畝にする。

黒マルチを張ると、除草の手間が少なく生育も良好となる。一方、堆肥やわらでマルチをすれば、マルチ張りや除去の手間がかからず、最良だ。

種球は鱗片をばらして1片ずつ植える。1片に見えて、2つの鱗片がくっついている種球もあるので、注意しよう。深さは5cmが目安。私はタマネギの穴開け器（101ページ参照）を利用している。

■除草と除けつ■

小さな草けずりを使い、中耕を兼ねて、株と株の間を4月と5月に、2〜3回除草する。このとき、分球して1株から2芽出ている場合は1芽をかき取る。残すほうの元気のよい茎を手で押さえて、もう一方を抜き取るようにする（除けつ）。2芽を残すと、どちらも商品価値がなくなってしまう。

雑草は風通しを悪くし、病気の原因ともなり、作物の栄養を奪い、生長を妨げる。ニンニクのように葉が広がらない野菜を栽培する際は、早めの除草を心がけたい。

また、とう立ちした茎は5月中旬に摘み取る。摘み取らないと、花に養分を取られて球が肥大しにくくなる。ただし、摘み取りが早すぎると分球することがある。

■収穫と貯蔵■

6月になって球が肥大したら収穫し、生野菜として出荷する。

貯蔵するものは、茎葉が黄変して3分の2くらい枯れた6月中〜下旬が収穫適期。地上部が全部枯れてから引き抜くと、茎葉が球からちぎれて裂球の原因となったり、掘り出すのに多くの時間を要する。一方、早すぎると肥大が劣る。適期を見極めよう。

収穫は晴天の日を選ぶ。抜いたら根を切り落とし、茎葉は30cmほど残して切り、乾燥させる。その後8〜10球ずつ束ねて風通しのよい軒下などに

輪作体系

	1作目	2作目	3作目	4作目
	ニンニク	キュウリ	サヤエンドウ	カボチャ
	ナス	ニンニク	キュウリ	ホウレンソウ
	キャベツ	ニンニク	白菜	春野菜(カブなど)

つるして陰干しし、長期貯蔵する。

■**輪　作**■

連作もできるが、2～3年空けると病気予防になり、よく育つ。ニンニクは生理障害や病気が発生しやすく、肥大も悪く、栽培が難しいとされる。とくに窒素過多になると、葉にサビ状の斑点が無数につくサビ病が発生しやすい。防止は、輪作と堆肥投入による土づくりに尽きる。

私はニンニクの後作は夏秋キュウリとしている。6月に収穫して、7月にキュウリの苗を植え付け、ニンニクの茎葉を株元に敷く。これでニンニクの残肥を利用できる。キュウリの無農薬栽培は難しいが、ニンニクの力を借りればよく育つ(表参照)。

■**有機栽培の常備薬ストチュウ**■

ニンニクの殺菌力と強い匂いを生かして、ストチュウをつくっている。

〈材料〉

水20ℓ、ニンニク100g、トウガラシ50g、焼酎(35度)200cc、木酢液200cc

〈つくり方〉

①ニンニクとトウガラシをミキサーですりつぶす。

②ガーゼやストッキングに入れた①を焼酎と木酢液を加えた水の中で搾り出す。

＊①をそのまま入れると、じょうろや噴霧器の穴が詰まるので、ガーゼやストッキングを使うとよい。

ニンニクの持つ殺菌効果と匂いによる害虫の忌避効果を狙って、主に果菜類の病気予防に使用している。ただし、農薬のような効果はない。あくまで作物を健全に育てることが基本で、ストチュウはその手助けである。

ラッキョウ〈ユリ科〉

除草をていねいに

1 特　性

　原産地は中国で、「味の辛いニラ」という意味がある。紀元前から栽培され、日本にも薬用として伝わり、野菜としては江戸時代末期ころから広まったようだ。カレーライスにラッキョウ漬けの組み合わせは、明治時代なかばから始まった。

　生で食べるエシャレットはタマネギの変種。パレスチナ原産で世界に広がり、フランスでは重要な香辛野菜である。日本でエシャレットの商品名で販売されているものは、ほとんどが生食用に軟白栽培されたラッキョウだ。

　生育適温は20〜23℃。日長(一日の日照時間)13時間、温度12℃以上で肥大が始まり、30℃以上になると休眠する。

2 品　種

　大玉系と小玉系がある。らくだが代表的な品種で、大玉になる。各地に在来品種があり、7〜9月にホームセンターや種苗店で販売している。自家採種もできる。

3 栽　培

■植え付け■

　「ラッキョウは8月の盆に植えると16個成る」という言葉がある。これは植え付けの時期を教えている。

　栽培期間の長い作物で、8月に植え付けて翌年の6月に収穫する。花ラッキョウのように、2年間そのまま畑に置く作型もあるほど、生命力のある野菜でもある。それゆえ、「ラッキョウは殺そうとしても死なない長寿食」とも言われる。

　楽に土を洗い落とせるように、砂丘地帯のような砂地が産地として好まれるが、自家用ならどんな土地でも育つ。土地や条件は選ばない。落葉果樹の下の半日陰でも十分に育つ、小さくてもスタミナ満点の野菜だ。

　8月中旬〜9月上旬が植え付け適期。房をばらして1個ずつ、株間はタマ

私の栽培スケジュール

| 1 | 2 | 3 | 4 | 5 | 6 | 7 | 8 | 9 | 10 | 11 | 12 | (月) |

▲植え付け、■中耕・除草、▨収穫。

ネギやニンニクと同様に15cm、深さは約3cmで、2〜7条植えとする。

■肥　料■

元肥（1aあたり）
- 完熟堆肥　100kg
- 有機肥料　7.5kg

生育期間が長いので、肥切れに注意しよう。生育をみて、4月初旬に同量を追肥する。

■除　草■

初期生育が遅く、葉も細かいので、除草が良好な生育の決め手となる。中耕を兼ねて、草かきで株間をかき混ぜ、こまめに除草すれば、病気は発生しない。草の多いときは、11〜12月に除草し、4〜5月にも除草を心がける。

■輪　作■

空いた畑の一角での小面積栽培なので、輪作にはこだわっていない。2〜3年の輪作とすれば、よりよく育ち、病気の心配もない。

■収　穫■

6月になり葉がしおれ、枯れ葉が目立ち始めたら、掘り取り適期。大半が枯れてからでは株がばらけて掘り取り後の始末が大変なので、実の太り具合を見ながら判断する。

小さめが美味しい。小さめを好む場合は1年そのままにして畑に置くと、分球して小さいものがたくさんとれる。ただし、漬ける準備は大変になる。

掘り取り後、販売用や種球用は、茎葉を付けた状態で500g前後ずつ束ねる。種球用は軒下などに陰干しする。

ラッキョウ漬けの美味しさは鮮度が命。掘り取ったらすぐに洗い、根や茎を切り、その日のうちに塩漬けするのが大切だ。自家用に、ぜひ漬けよう。そのために家庭菜園でも育てたい。

また、5月中旬から少しずつ掘り取り、エシャレットとして生味噌をつけて食べるのも、この時期の楽しみである。

第5章 穀物など

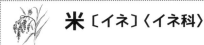
米 〔イネ〕〈イネ科〉

苗づくりと雑草対策

1 瑞穂の国・日本

■水との闘い■

子どものころ畑仕事を手伝っていると、土の中から石器（矢じり）がときどき出てくる畑があった。おそらく、古代の住居跡だろう。山あいでも日当たりがよく、近くには谷田と呼ばれる湿田があった。一年中水が湧き、溜まっている。浅いところでも膝まで、深いところは腰まで入るほど。地形に合わせて、曲がりくねった畔がある小さな水田が連なっていたのだ。

そこには多くの生物がいて、常にドジョウやタニシがとれた。近くの山には土まんじゅうの形をした古墳があり、稲作が日本に伝わった当時を偲ぶことができた。

イネは、縄文時代後期から弥生時代に日本に伝わったとされている。それまで主食としてきた木の実や雑穀と比べ、収量、味、栄養、保存性が格段に高い。日本の気候風土に合い、当時としては驚くほどの早さで日本中に広がっていく。

最初は山あいの湿地で栽培され、水田の生物や山の幸とともに集落に定着した。その後、溜め池が掘られ、小規模な用水路の設置や治水事業も行われ、低地にも広がる。

江戸時代に入ると、10km以上離れた山の水源から水を引く用水路が造られた。測量器具はなく、水路の高低を測るのに、夜、提灯の灯りを使ったという実話の伝わる用水路が、改良を重ねながら現在でも利用されている。

明治時代以降、大規模な疎水事業や干拓が行われ、水田は飛躍的に増えた。「瑞穂の国」と呼ばれる日本におけるイネの発達史は、水との闘いでもある。地形を最大限に生かして稲作文化を発達させ、継承してきた。

■日本のイネ■

イネは世界各地で栽培され、アジアイネとアフリカイネに分けられる。

アジアイネの原産地は、中国南部からインド、インドネシア半島とされ、古くから栽培されてきた。日本で栽培されているジャポニカ種（短粒種）、インドやタイなどに多いインディカ種（長粒種）、熱帯に多いジャバニカ種（中粒種）の３つがある。

寒さに強いジャポニカ種は、中国、朝鮮半島を経て日本に渡来したルートと、南方から渡来した日本人の祖先が持って来たルートがあると言われる。

高温多湿を好むインディカ種は南方に定着し、寒さや乾燥に強いジャバニカ種は南方の山岳地帯に広がった。

アフリカイネは西アフリカが原産で、収量は少ない。現在は、ナイジェリアで少し栽培されているという。

原産地が温帯から熱帯なので、東北地方では冷害との闘いが続く。日本の風土に合う大切な主食であるがゆえに、行政も農業者も研究者も、全力をあげて多収、冷害克服、品種改良など稲作技術の向上に取り組んだ。

その後、米が余るようになり、減反政策が導入される。だが、水田は食糧確保だけでなく、国土保全のためにも大きな役割がある。安全な米の生産によって、長年にわたる先人の情熱や努力を次の世代に引き継ぎたい。

2　品　種

コシヒカリに出合うまでは、多くの品種で試行錯誤を繰り返した。病気に強いと言われる品種は穂数の確保が難しく、穂数をとろうと有機肥料を多くすると、肥料が後効きして病気が多発することも多かった。

コシヒカリ

1993年の東北地方の大冷害の年は、8月にこたつが欲しいほどの冷夏で、米がまったくとれないだろうと言われた。ところが、この年に初めて作付けしたコシヒカリはみごとに実ったのだ。当時、福島県の中通り（阿武隈高地と奥羽山脈の間）で多く作付けされていた品種（農林21号、セキミノリ）は品質も収量も半作以下だったので、誰もがコシヒカリの生育と収量に驚いた。

「美人薄命」と言われるように、コシヒカリは美味しいけれど病気や倒伏に弱く、つくりづらいという先入観があった。だが、実は冷害にやや強く、適応性がある。多肥栽培を避ければ、病気も発生しにくい。肥料を少なくしても茎数確保が容易だし、中通りでは中生のため、スズメの害も少ない。有機栽培に適した品種として、いまのところコシヒカリに代わる品種は見あたらない。

このほか、品質がよく、つくりやすいコガネモチを20aほど栽培している。

3　播種と苗づくり

すべての作物が苗半作と言われる。現代の稲作はほとんどが機械植えなので、とりわけ苗の均一性が要求され

る。有機稲作では苗の立枯病対策も課題だったが、プール育苗（158ページ参照）の普及により、よい苗づくりができるようになった。

■**床土づくり**■

床土のPHは5前後がよい。病害のない土が必要なので、松の木が育つ山林の山土を使ってきた。現在は化学肥料が入っていない粒状培土も入手しやすくなったので、山土と粒状培土を半々に混合している。育苗箱1箱あたり4ℓは必要だ。

播種の10～15日前に、1ℓあたりナタネ粕7g、有機グアノ7g（リン酸肥料）、有機肥料7gを土と混合し、堆積しておく。土の水分量を50％として、手で握れば固まり、手のひらを広げるとばらけるくらいに、水分量を調整する。これは、ボカシ肥料づくりとまったく同じだ。

作業は雨があたらない納屋やビニールハウスで行い、むしろや毛布で覆う。2週間ほどそのまま置くと発酵し、床土ボカシとなる。このとき固まりが発生するので、必ず0.5～1cmのふるいを通してから使用する。

化学肥料を使うと病害が少なく、誰でも簡単に育てられる。一方、有機肥料を使うと床土にカビが多く発生し、分解過程で出る各種有機酸によって葉が巻き、蒸れて、幼い根の生長が阻害され、枯死する立枯病になりやすい。それでも、有機物のみを使用した苗づくりをしたいというのが多くの有機農業者の願いだった。

苗づくりには炭水化物や脂肪を含まない有機質肥料がよく、乾燥おからが最良とされる。ただし、乾燥や粉末にするのが大変なので、現在は有機肥料を使っている。

近年では多くの有機農業者や自然栽培農業者の試行錯誤によって、ナタネ粕でもまずまずの結果が得られることがわかり、プール育苗との組み合わせもあって、ほぼ有機の苗づくりができるまでになった。今後も農業者や各種研究団体との連携交流を図りながら、有機の苗づくり技術の向上を目指さなければならない。

■**種もみ**■

1箱200g播きで行っていたころは、

10aで4kgの種もみが必要だったが、薄播きであれば、2.5〜3kgでよい。自家採種の種もみを播種機で播く場合は、必ず芒(先端の突起)を取り除いて播種精度を高める。芒取りの専用機械がある。小面積の場合は、循環式の精米機や電動餅つき機を通せばよい。

■**塩水選**■

充実した種もみを選ぶために実施する。

水10ℓに食塩2.1kgをよく溶かすと、比重1.13程度の塩水となる。種もみをザルに入れ水洗いした後、この塩水に漬け、浮いた種もみをすくい取って除く。これは未熟なもみや病害のあるもみを選別するのに大切な作業だ。なお、比重1.13は、卵を入れると浮き上がり、10円玉程度の表面積が水面に出るくらいが目安。

終了後はよく水洗いして、塩分を取り除く。

■**温湯消毒**■

種子にはバカ苗病菌(感染すると正常な苗の約2倍に徒長し、分けつしにくくなる)などの病原菌がついている。殺菌剤は使用しないので、60℃の温湯に7〜10分間漬けて消毒する。これで農薬使用以上の効果がある。

浸種して芽が動いた後に行うと発芽障害が発生するので、塩水選が終わったら直ちに行うのが原則。種もみの量はもみ袋に5〜7kg前後にして、温度が平均して行き渡るようにする。湯温は60℃を守り、時間はコシヒカリなど発芽の遅い品種は10分、モチ米など発芽の早い品種は7分とする(厳守)。

温湯から引き上げた後はすぐに水に浸し、十分に冷やして、発芽障害を防ぐ。

■**浸　種**■

種もみに均一かつ十分に水分を吸わせるために行う。水温10〜15℃で、流水や、溜め池、ポリタンクなどに10日間は浸ける必要がある。ポリタンクで行う場合は、酸欠にならないように毎日水を交換する。水の量は種もみの2倍以上。

■**催芽(芽出し)**■

昔は育苗機や風呂などで行った。現在は水温管理と酸素の補給を自動で行うハトムネ催芽機があり、浸種から催芽まで一貫して行える。

温度28℃で、二昼夜ほどで芽が出る。芽の伸ばしすぎに注意し、ハト胸ほどに芽が膨らんだ状態にする(イラ

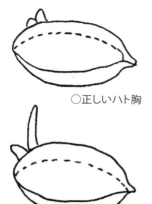

○正しいハト胸

×伸ばしすぎ

スト参照)。

催芽機がないときは、風呂の湯や堆肥熱を利用できる。いずれも25〜30℃が目安。2〜3日で芽が出るので、伸ばしすぎに注意しよう。早めに芽出ししたときは、冷蔵庫で保管する。

■播　種■

200gの厚播きは欠株が少なく、植え付け当初は見た目もみごとだが、後半に茎太で実りのよいイネを育てるためには、薄播き(中苗〜成苗の80〜40g播き)とするのが、有機稲作の基本である。雑草対策として初期に深水管理をする場合も、成苗を植え付けるのが理想的だ。

ただし、薄播きによって欠株が多くなったり、育苗中に障害が発生して根張りが悪くなると、マットが十分に形成されず、田植えに苦労する場合がある。したがって、育苗箱1箱につき80g前後の播種量が無難。

播種ムラを少なくするためには、種

この写真の苗箱は80g播き

もみの表面を乾燥させる。とくに精密播種機を使うほど、芽出し後の乾燥が重要となる。表面が濡れていると種もみ同士がくっつき、平均的な播種が難しい。表面に水分がつかないように、薄く広げて乾燥するか、洗濯機の脱水機を利用して水分を飛ばしてから、播種しよう。

床土入れ→播種→灌水→覆土の順番で、できるだけ平均的に播くことが大切。100g以上播きの場合は散播(ばら播き)し、100g以下の薄播きの場合は条播きとするのがよいだろう。

私の育苗スケジュール(4月)

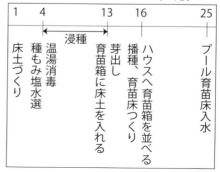

1	4	13	16	25
床土づくり	温湯消毒・種もみ塩水選	浸種→芽出し・育苗箱に床土を入れる	ハウスへ育苗箱を並べる・播種、育苗床つくり	プール育苗床入水

■**出芽期**■（2〜3日間）

　以前は育苗機を使用していた。現在は、育苗箱を育苗床に直接並べるか、写真のようにハウス内に積み重ねている。

　播種後、十分に灌水と覆土してから育苗床に並べ、すぐにシルバーラブシート（不織布でできたラブシートが内側にあり、外はシルバーポリの二重構造。保温・遮光両用に使える被覆材）で覆う。関東地方以南では、ビニールハウスを使用しなくても良苗ができるとされているが、東北地方では寒さ対策と管理の利便性から、ビニールハウスを利用するのがよいだろう。

　ハウス内の温度を20〜25℃とし、育苗後半はできるだけビニールを開放して、苗が徒長しないように心がける。

■**緑化期**■（出芽後－葉期まで）

　出芽後は、積み重ねた苗箱を直接シルバーラブシートで覆うベタ掛けにし、急激に強い光に当てないようにする。ハウス内の温度は30℃以下とし（夜は10〜15℃が目安）、苗箱が乾燥したら灌水する。ただし、吸水量がまだ少ないので、あまりやりすぎない。昼までに終えて、夕方は少し乾く程度を目安にしよう。

　水温と気温がほぼ同じときに灌水するのが基本。最初は灌水後に種もみが露出する場合がある。露出してしまうと、明るいところではよい根が生育しないので、必ず種もみが隠れるくらいに覆土する。

■**スズメ対策**■

　芽が出て10日間はスズメの被害が心配されるので、早めに対策をとる。私はハウスを防鳥ネットで覆って防いでいる。

■**立枯病（ムレ苗）対策**■

　①有機肥料は床土と早めに混入し、土のPHは5前後とする。

　②ハウス内を20〜25℃とし、昼夜の温度差を少なくする。

　③病気が発生した場合、プール育苗のときは深水にする。一般育苗のときは苗箱を立てて半日ほど底を乾かし、根に酸素を与えて水分を少なくするとよい。

育苗箱をハウス内に積み重ねておく

④早めに田植えをする。

■**プール育苗**■

　苗床を平らにして枠を組み、ビニールを張って、水を溜められるプール状にする。灌水の必要がなく省力できる、苗が均一に育つ、病気が予防できる、根の張りがよくなるといった利点がある。苗床を平らにするために労力がかかるのが難点だが、毎年同じ場所を利用すれば楽になる。

■**置き床（プール）つくり**■

　①幅は苗箱より10cm広く取り、レベルや水平器を使ってできるだけ水平にする。高低差は2cm以内。傾斜があるところは、段差をつけると水平作業が楽になる。

　②高さ10～12cmの抜き板を周囲に立てる。

　③古いビニールを下に敷き、上に厚さ0.07mm以上の新しいポリかビニールを張って、プールをつくる。このとき、床幅50cm以上のビニールを使う。

　④入水は播種後10日ころで、根が箱の下から出て葉が1.5葉期ころ。入水後は、ハウスのビニールをできるだけ開け放つ。水の入れ替えは行わず、不足した分を足す。

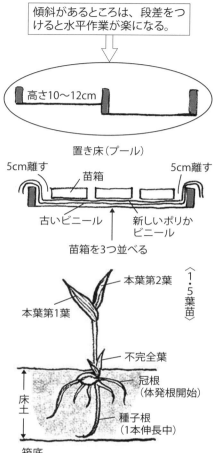

　⑤水の深さは床土の上1cmを目安とし、寒い日や夜は2～3cm深くする。

4　本田管理

■**土づくり**■

　「ムギは肥でつくれ、イネは土でつくれ」と昔から言われる。水田におけ

る土づくりの大切さを強調した言葉だ。この言葉どおり、ムギは肥料（窒素分）をたくさん必要とするが、イネは土さえつくっておけば、その養分を吸って低窒素で育つ。用水や雨水から供給される養分も多いためだろう。

また、水田は夏に水を湛えることで、畑とは異なり土壌中の酸素濃度が低くなる。そのため還元状態となり、有機物の分解を抑えて地力の消耗を少なくし、有害な雑菌の繁殖も抑えられる。連作障害もなく、畑作のように耕作場所を変える必要もない。1000年以上連作しても障害が出ることなく続いてきた。

また、暑い日には水を掛け流し、涼しい日には溜めておけば、気温の変化に左右されにくいという利点もある。狭い土地でもたくさんの収量を上げられ、なおかつ栄養豊かだ。雨が多い日本に適した作物であり、天より与えられた最大の賜物だろう。

昔は俵、縄、箕、むしろ、ぞうりなどにわらが使われていたので、わらも大切に扱われた。わら細工に使わない分は山の落ち葉と混ぜて堆肥をつくり、田んぼに施していた。近年はコンバイン収穫が主流となり、収穫時に裁断されて田んぼに撒かれたわらを還元する土づくりが一般的である。

私は収穫した稲わらのうち4〜5割を野菜づくりに使うため取り分け、残りは田んぼに撒く。

■ 元　肥 ■

収穫後の秋耕起前（11月）に米ぬかを10aあたり30〜50kg施し、わらの腐熟を促して元肥とする。また、水田の肥沃度や品種、前年の出来（倒伏など）を考えて、代かき前にくず大豆を10aあたり20〜30kg前後施す。追肥はせず、ゆるやかな生育を心がける。

雑草対策には、水田の施肥は少ないか無肥料がよいとも言われる。それでもイネは健全に成育する。

■ 転作田の施肥 ■

集団転作で大豆づくりに取り組んだ時期がある。大豆を2〜3年作付け後に稲作に戻した年に、元肥として米ぬかや有機肥料を一般の半量ほど施したら、栄養過剰でイモチ病に冒され、収量が大幅に減少してしまった（天候も悪かった）。それまでは、無肥料で米がとれるとは考えていなかったが、その経験から「大豆の後作は無肥料でよいのではないか」と気づかされた。

その後、無肥料栽培を試してみたところ、生育は順調で、雑草も虫も病気も少なく、苦労なくとれると実感。以

大豆の作付け時に掘った溝をビオトープとし、メダカを放した。多くの生物が生息している

来、私のイネづくりは、無肥料か、もしくは投入肥料を極力少なくすることが目標となった。とはいえ、大豆後の2年目では、一般の半量ほどの元肥は必要のようだ。

なお、稲作後の大豆栽培では、排水をしっかりして10～15cmの高畝とすれば、病虫害が少なく、良質の大豆がとれる。転作助成金や大豆の販売先の確保＊によって、転作による収入の減少を最小に抑えながら、安全な米と大豆の生産に励みたい。それに抑草が加われば鬼に金棒なのだが……。

＊ただし、2011年の原発事故以降、福島産大豆に対する不安が高まり、以前の販売先の多くが取引停止となってしまった。

■耕　起■

秋に雨が少なくて水田が乾いたら、11月に耕起する。雨が多い年は、春になって乾いたのを見計らい、米ぬかを散布後、できるだけ早い時期にトラクターにロータリーを装着して耕起し、わらの腐熟を促す。その後の作業性を考えて、5～8cmの浅耕としている。

■代かき■

田面を均平にする、漏水を少なくする、田植えがスムーズに進むようにするなどの目的がある。代かきを粗くすると苗の活着がよくなるとも言われるが、前述の目的のためには丁寧な代かきが大切だ。条件に合わせて柔軟に対応しよう。均平作業はとくに重要で、高低差の多い水田では、代かき前に土

私の本田管理

月	4	5			6		
日	25	23	25	30	5	10	15
	←荒代かき・元肥	代かき	田植え	チェーン除草	チェーン除草	チェーン除草	機械→

の移動も必要となる。

除草対策としては、代かきを2回行うのが理想的。水利が許すならば、田植え1カ月前に荒代かきをして、雑草の芽を出させてから、再度の代かきで練り込むことで、雑草を少なくできる。なお、2回目の代かきは、水を多くし、雑草を浮かせて処理することもできる。いろいろ試して、最善の方法を見つけたい。

2回目の代かきは田植え2〜3日前に行うのが一般的だ。ただし、土の性質によっては前日に行うこともあれば、3日前に行わないと軟らかすぎる場合もある。ほ場の状態をよく観察しよう。私は最後にドライブハローのうしろに長さ4mのビニールパイプをつけて引き、田面を均平に仕上げるようにしている。

■ **田植え** ■

ほとんどが機械作業になった。薄播きの中〜成苗（長さ15cm前後）を、1株3〜5本を目安に植える。

以前は30cm×15cm間隔が一般的だったが、現在は30cm×30cm間隔を目安にしている。大株に育てて良質米を生産するのだ。

消費者と一緒に手植えをする場合は、30cm×30cmに線を引き、素人でも曲がらないように配慮して、ポット苗を植える。

除草機を縦横に使用するにあたっての利便性の面からも、まっすぐに、隣との条間を狭すぎず離れすぎずに植えることが大切だ。補植は、苗の状態さえよければ必要ない場合が多い。ただし、除草剤を使用しないので、株抜けなどにより空いた空間が多くできると雑草繁茂の原因となる。

■ **水管理** ■

深水管理が雑草対策の決め手だ。一般的には、田植え後は深さ5cm前後とし、生育するにつれて徐々に深くし、田植えの15〜20日後ごろに10

スケジュール

7			8		9	10	
10	25	30	1	15	20	1	
→除草→	中干し	溝切り	追肥（一部のみ）	出穂	落水	←稲刈り→	

～15cmの深水にする。ただし、雑草を防ぐには、最初からできるだけ深水にしたほうがよい。

田植え後30日間は地面を絶対に露出させない。そのために次の4点を心がける。①大苗(良苗)、②田面の均平、③畔からの漏水防止、④水を張ったまま田植えする。

現在は、トラクター装着型の畔塗機で畔を塗って漏水が防止できる。田の条件に合わせて畔波板や畔波シートを使用して、畔からの水漏れを少なくするように努めよう。漏水防止は、イネの初期生育を助けるうえでも除草対策においても、大切な作業となる。

なお、間断灌水(水を入れたり抜いたりを繰り返す)による節水栽培など根の働きを重視する方法もある。

■穂肥(追肥)■

出穂の1カ月前ごろ(7月中旬)からイネの体内では穂づくりが始まる。この時期に栄養が不足すると増収できない。一方で茎の節間が伸びるときでもあり、肥料をやりすぎると倒伏につながる。

葉の色、茎数確保がされているかを判断し、施肥しよう。葉の色が濃い緑のときは追肥しない。黄緑色が持続するようにし、色が薄いときは少量の追肥を行う。一度にあまり多くせず、様子を見ながら分施して、倒伏や病気が発生しないように注意する。雑草対策がうまくいっていれば、追肥の必要はない。

出穂の15日前になると、幼穂が大きくなり倒伏の心配もなくなるが、追肥は窒素成分で10aあたり1.5kg以内にとどめる。有機栽培では元肥の養分が残っている場合が多いので、私は近年は施していない。中干し(落水)して、イネが土中の養分を吸収しやすくしてから、状態を観察して穂肥の量を決めよう。穂肥の目安は出穂の15日前ごろ。

■中干し(落水)■

出穂の20日前を目安として、7月下旬ごろに一度中干しする。水田の表面が軟らかいままでは、イネを支えられずに倒伏の原因ともなる。排水をスムーズにするためには、田んぼに数本の溝を切って排水口につなげる。こうして徐々に土を固める。表面にひび割れが出るくらいでよい。

夏の高温期なので、その後できれば用水を掛け流し、高温障害を防ぐ。温暖化が進むいまは、この作業が必要になる。出穂時までかけ流し、完全落水は稲刈りの10日前を目安とする。早

すぎる落水は品質低下につながる。

■病虫害予防■

①イネミズゾウムシ

イネの初期生育を阻害する。畦から侵入し、水の上を移動して根や葉を食する。次のような対策がある。

(ア) 硬い成苗を植える。
(イ) 畦草刈りをマメに行い、越冬場所を少なくする。
(ウ) 畦ぎわに畦波板や畦波シートを立てて、侵入を防ぐ。
(エ) 食用油（10aあたり0.5ℓの天ぷら油の廃油）を畦から水田の表面にたらし、水面に油膜を張って移動を防ぐ。
(オ) 紙マルチ栽培で移動を抑える。

②イネドロオイムシ

風通しの悪い水田、生わらや生堆肥が多く投入された水田で多く発生することがある。丈夫な苗を育てる、窒素過多にしない、発生したら石灰などを散布し、付着させて窒息させる、などの対策を取る。

③イモチ病

天候が悪い年や窒素過剰の水田に多発する。密植せず、健全に育てることで防ぐ。発生したら、酢を500倍に薄めた液や石灰を散布して菌の増殖を抑えるしか対処法はない。肥料を少なくし、疎植で風通しをよくすることを心がけよう。

④カメムシ

温暖化で生息数が増え、全国的に問題となっている。出穂後、乳熟期に侵入して汁を吸う。その吸い跡が斑点となって米粒に残り、斑点米となって等級が落ちる。畦のイネ科雑草に生息するので、畦の草刈りが大切。出穂10日前までに畦草刈りは終える。なお、カメムシの活動期にイネに移動させないため、出穂前後1週間は畦草を刈らない。

■収穫・乾燥■

現在の主流は、コンバイン収穫、機械乾燥だ。しかし、有機稲作の乾燥では、手間暇はかかるものの、化石エネルギーに頼らないという意味でも、天日乾燥をお勧めする。稲架掛けと棒杭掛けがある。

手植えした水田で稲刈りしたいという消費者も多い。手刈り、結束、稲架掛け、乾燥と仕事はいろいろあるので、一定の指導する人数が必要になる。また、子どもの鎌の取り扱いには注意しなければならないし、結束は慣れていないと難しい。大変なことも多いが、作業をとおしたふれあいで交流が深められる。

5　除草・抑草

　私が農業を始めた昭和30年代は、ほとんどの農作業が手作業だった。とくに炎天下、腰をかがめた姿勢で行う水田の除草は、重労働の筆頭。だから、除草剤の登場は農民を重労働から解放する大きな福音と思われたし、多くの水田で使用された。

　しかし、初期の除草剤には魚毒性があり、カエルやイモリなど水田の生物がほとんど死滅。流れ出した水田の水によって、ドジョウやフナなど河川の魚にも被害が及んだ。

　その後、有機栽培に導かれて実践するなかで、やはり水田除草がたいへんな課題だった。現在も除草や抑草について、多くの有機農業者が試行錯誤を繰り返している。私もまだ最良と言える方法には至っていない。

　今後、多くの方々の体験を寄せ合いながら、有機米づくりのためによりよい除草法を確立していかなければならない。有機米づくりの作業技術のポイントは、除草をいかに省力するかである。

　ここでは、主な水田雑草の特徴を述べたうえで、深水管理のほかに、これまで私が取り組んだ除草法を問題点とともに列挙しよう。

■**水田雑草の特徴**■
　①コナギ
　東南アジア原産で、イネとともに渡来したと思われる。ミズアオイ科。東北地方では以前は少なかったが、温暖化のためか近年は異常に増えてきた。一年生で、湛水下の低酸素条件でごく浅いところから芽を出し、夏に花が咲いて、細かい種子を無数に残す。草丈は10～30cm。旺盛な生育で密生し、肥料を吸収して米の収量減をもたらす。稲刈りに支障をきたすことも多い。

　②ヒエ
　イネ科なので、慣れていないと除草の際にイネとの判別に苦労する。生育するとイネより背丈が高くなるので、種子が実る前に刈り取って水田の外に持ち出そう。イネは育苗するので、ヒエとの生育差を利用して深水管理すれば、容易に抑えられる。

　③オモダカ
　オモダカ科の多年生雑草。4～8月に発生し、夏に花が咲く。塊茎(かいけい)が出る前に除草して防ぐ。

　④クログワイ
　カヤツリグサ科の多年生雑草。葉は細く、株の基部から地下茎を伸ばし、小株、孫株と種塊を増やしていく。地

上部を取っても地中に種塊を残すので、再び発生してしまう。秋〜冬に耕し、球塊を表面に出して凍らせて、死滅させる。

■**アイガモ除草**■

アイガモによってきれいに除草できると聞いて、いち早く取り組んだ。2000〜12年に実施したが、非常にうまくいき、これで草取りから解放されると思った年が2年、まずまずかなという年が2年で、残りの年は問題が多かった。

たとえば、ヒナを育て、水田の周囲にネットや電気柵を張り巡らせても、アイガモの動きが悪くて除草効果が少なかった年は、かえって作業の負担が大きかった。最後の年は一晩ですべてのアイガモをキツネに殺され、これをきっかけに断念。水田の生物すべてが食べ尽くされ、いなくなってしまうのも、気になった。

■**米ぬか除草**■

田植え直後の水田に米ぬかを散布すると、地面を遮光するとともに、米ぬかが腐敗して土壌表面が酸欠状態になるため、雑草の出芽・伸長を抑えてくれるという。これは簡単でうまくいきそうだと思い、取り組んだ。

田植え直後の水田に米ぬかを散布する作業が大変だったので、米ぬかをペレット状にするためのペレット形成機を購入して、10aあたり30〜50kg散布した。散布後、有機酸が発生して水田の表面が還元状態(酸素不足)となり、雑草の芽は出ないと思われた。

ところが、コナギは酸素不足を好む。いっせいに芽を出し、散布した米ぬかを栄養に、勢いよく成長し始めた。「コナギを成長させるために米ぬかを撒いたのか？」と思うほど。散布時期や量をいろいろと試したけれど、米ぬかのみではコナギは抑えられなかった。

■**チェーン除草**■

チェーンによる除草で、一度に4〜5m幅で株間の除草もできるという『日本農業新聞』の記事を見て、すぐに作成して取り組んだ。田植え直後、まだ草の種子が芽を出さない時期に、5〜7日ごとに2〜3回チェーンを引っ張る。イネへの影響を心配したが、植えられた苗に刺激を与え、かえって活着が促進されて元気になることがわかった。麦踏みと同じ原理である。

ただし、水面にごみや稲株、とくに有機水田にはアオミドロが多く、これらもいっしょに引きずってしまう。ま

た、重くて苦労するので、水田の状態の見極めが大切になる。各地で改良されながら試みられ、さまざまな方法が編み出された。課題とともに紹介しよう。

なお、必ず水を深さ5〜8cmにして、できれば縦・横に引っ張る。草が見えてきたら、回転除草機（2条用〜4条用）を遅れないように使用しよう。

①降雪時の道路で使用するチェーンを使う→重い。ごみが多いとイネを倒す。

②チェーンを長さ30cmに切り、鎖状に連続してぶら下げる→ごみが多いと重くなる。

③ポリ製ほうきを3〜4mの抜き板に並べて打ち付ける、ほうき除草機→軽くて使いやすいが、土の表面が軟らかくないと効果が低い。アオミドロなどの影響は少ない。

④ハウスのビニールを留めるのに使用するビニペット（金具）を縦に並べて引っ張るスプリング除草器→最近注目されている。スプリングが土の中に入

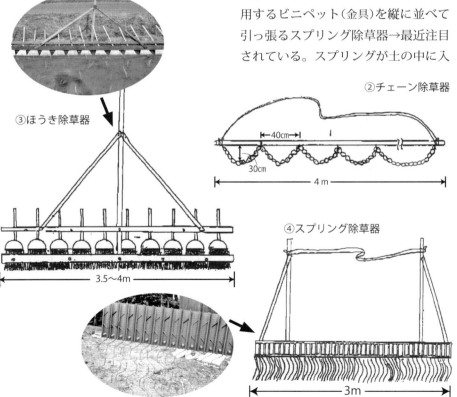

り、小さい草や種子を浮かせる効果が高い。ただし、アオミドロがある水田ではスプリングにアオミドロがからみつき、効果が低く、重くなる。イネも倒してしまう。

■トロトロ層による除草■

米ぬかの表面施用によって水田の表面に形成されたトロトロ層が雑草の発芽を抑えるという。だが、田植え後の散布では本当のトロトロ層はできなかった。我が家では秋から冬に水田を乾燥させるため、イトミミズなどの増殖が少なかったからである。

不耕起栽培に取り組み、冬期湛水を実施している水田を見て、違いに気づいた。冬の間も水を溜める結果、いろいろな種類の生物が増えてトロトロ層が形成され、発芽しようとする雑草の種子を埋没させていたのだ。冬期湛水は条件がそろわないとできない。私も条件が許す一部の田んぼで試みて、「これが本当のトロトロ層だ」と実感した。

トロトロ層とチェーン除草を組み合わせると、雑草が少なくなる。杉山信太郎先生（愛農高校の元校長）は、ボカシ肥料を施用した有機稲作で水田にイトミミズを増やす農法に取り組んでおられる。こうした方法も取り入れながら、トロトロ層の形成とイトミミズの増殖を図るのが今後の課題だ。

なお、冬期湛水による不耕起栽培では、冬の風によって切りわらが一方に寄せられ、偏ってしまう。そこで、秋に米ぬかを散布後に浅く耕し、冬に水を入れて一般の田植え機を使用する、半不耕起栽培を一部で実施している。

■紙マルチ栽培■

一時、大面積の無農薬栽培で増えた。マルチが紙なので、田植え後30〜40日で溶けてなくなる。それまで、初期雑草は紙マルチの下で芽を出すことができず、除草が楽になる。だが、次のような問題もある。

①専用の田植え機が必要で、高価。
②紙マルチを毎年購入しなければならない（10aあたり2万5000円）。
③強風により紙が飛ばされると、効果が半減する。
④東北地方では地温上昇が抑えられ、初期生育が劣る。

紙マルチ栽培による田植え

■**除草器・機の利用**■

　人力で1～2条の畝間を除草する「田車」と呼ばれる除草器が、昔から利用されてきた。現在はエンジン付きの歩行型、2～4条用が一般的だ。乗用除草機もあるが、同じ条を何回も走らせると車輪が深くもぐり、回転するときにイネがなくなることもあるようだ。私は2条と4条の歩行型ミニエースを使用している。歩く回数は多くなるが、2条のほうが丁寧に除草できるし、軽い。

　株間除草機もアタッチメントとして市販されている。ただし、まだまだ問題が多く、完全な除草とはいかないようだ。

　やはり、良苗を植えて活着をよくし、早めの除草が大切。雑草が繁茂したときは、同じ条を往復する。現在はチェーン除草器2回とエンジン付き除草機2回の除草で、何とか対応している。

■**除草の基本**■

①丁寧な代かき

　高低差をなくす。荒代かきは田植えの2～3週間前までに行う。

②深水管理

　水田の表面の土を露出させない水管理（水深10cm以上）で、ヒエなどの雑草を抑える。そのために、水田を均平化し、畔を高く強くする、中～成苗植えが基本。近年、成果が上がってきた（161～162ページ参照）。

③秋耕

　クログワイやオモダカなどの宿根性雑草には、除草機のみでは対応できない。秋に耕して種根（発芽するときに出る根）を表面に出し、寒さで凍らせて死滅させる。耕す前に、散らした切りわらの上に米ぬかを10aあたり30～50kg前後施して、わらの腐植を促し、土づくりも図る（159ページ参照）。

④浅耕

　一寸一石（いっすんいっこく）という言葉を、稲作を始めたころによく教えられた。1寸は3cm、1石は米の収量で150kg。深耕すれば収量が増える（4寸〈12cm〉耕せば4石〈600kg〉とれる）という意味だ。人力や畜力では8～10cm耕すのが精一杯だった時代、増収するために、「少しでも深く耕し、根の張りを十分にして、養分もよく吸わせよ」と教えていたのだろう。

　しかし、除草のため田んぼに入る回数が多くなると、足や膝に無理がくる。最近は不耕起栽培もあることを知り、「深く耕すだけではない。不耕起でも育つのだから、浅く耕してもよいのではないか」と気がついた。もちろ

ん、あまりに浅いと田植機でよく植えられず、補植で苦労したので、5cm前後は耕す必要がある。

浅耕には多くの利点があった。トラクターの燃料が少なくてすみ、時間も短縮できる。田植機の回転がスムーズ。なによりも足と膝、腰への負担が少なくなり、好きな夏山登山にも行ける。しかも、収量は減少しなかった。

⑤大豆との輪作

159〜160ページ参照。

このように列挙したものの、これは！という決定的な除草方法はない。労多く、地道な実践しかないようだ。それでも、10aあたり1kgや3kgもの除草剤を撒き、1本の草も生えていない水田を見ると、こう感じる。

「これが正常とは思えない。この水が地下水となり、あるいは川から海まで流れ込む。それが自然界と調和するとは、どうしても思えない。除草剤を使っていては、水田の多面的機能は訴えられない」

安全な米の生産をとおして国土を守るためにも、誰にでもできる抑草と除草法の確立に向けて、知恵を出し合い、力を尽くして、これからも歩んでいきたい。

6　生育調査

下の表は、地元の農業普及センターが一般栽培のイネと私の有機栽培のイネを生育調査し、比較した結果（3年間の平均）である。次の3点がわかる。

①前半の肥料の効きが悪く、穂数不足。

②有機肥料が後半に効いて着粒数が増えたが、一粒一粒に栄養がゆきとどかなかったため、くず米が多くなった。

③深水管理によって茎は太くなった。しかし、田植え時期が遅いため生育期間が短くなり、分けつが抑えられて穂数が不足した。

対策として以下の2点が考えられる。

①一層の土づくりと良苗づくりで、初期生育をよくする。

②元肥を減らし、穂肥を施して、登熟歩合をよくする。

《有機イネの生育調査》

	穂数／㎡	着粒数／穂	登熟歩合／(％)	千粒重／(g)	精玄米重／10a
有機栽培	235本	141粒	67％	21.8g	518kg
一般栽培	368本	89粒	92％	22.0g	542kg

小　麦 〈イネ科コムギ属〉

刈り取り、脱穀・乾燥を考えて

1　人類最初の作物

■**なつかしい思い出**■

　ムギ類には、小麦、大麦、ライムギ、エンバクなどがあり、用途や気候風土にあわせて広く栽培されている。ただし、一般的にムギと言えば、人類最初の作物とされる小麦を指す。有史以前の遺跡からも多く発見されている。

　人間と小麦の出合いは古く、世界の主食としてゆるぎない地位にある。日本では「冬の米」「麦秋」という言葉があるように、以前は冬の重要な作物だった。当然、ほとんどが手作業。子どもの労働力にも頼っていた。

　秋の種播きに始まり、春休みは麦踏み。梅雨期には、刈り取った麦束の上下を入れ替えて乾燥させる作業。夏休みは庭いっぱいにむしろを広げて干し、昼にはかき混ぜてむらなく乾燥させる。夕立が来ると、さあ大変。一家総出で納屋に取り込んだ。数日干し、最後は唐箕で選別して、ようやく出荷となる。

　そのなかから家でうどんや粉にして食べる分を取り分ける。また、一部はパン屋さんに持っていき、焼きたてのパンと交換してもらう。あのときに食べたパンの味は忘れられない。当時はパンを簡単に買うことはできず、小麦を栽培した者の特権だった。なつかしい思い出である。

　日本は1950年代前半からアメリカの余剰農産物である安い小麦を大量に輸入し始めた。この政策によって小麦の自給を放棄したとも言える。現在の自給率は13％だ（2014年度）。こうして、栽培は衰退の一途をたどった。

　一方で、緑の革命＊で小麦の増産に大きく貢献した品種の育種には、短稈（草丈が低く、倒れにくい）多収品種の農林10号が片方の親に使われたと言われる。日本の小麦は輝かしい成果も残しているのである。

　＊1940年代から60年代にかけて、高収量品種の導入や化学肥料の大量投入などによって穀物の生産性が向上し、大量増産が達成された。しかし、増産は化学肥料や農薬の投入なしには維持できなくなり、持続可能性が問われている。また、70年代以降は、一部で生産量増加が緩やかになったり、病害虫や塩類集積によって生産量が減ったケースもある。

■**伝播と特性**■

　原産は中央アジアのコーカサス地方（ロシアなど）や西アジアのペルシア地方（イラン）と言われる。その価値の偉

大さにより、文明と人類の発達とともに世界中に広まった。中国には数千年前に伝わり、日本には朝鮮半島を経て弥生時代に伝わったとされている。

　食べるためには製粉や器具が必要で、キリスト教の伝道者が栽培に加えて精粉技術も指導したという。新大陸発見とともにアメリカでも栽培され、いまでは世界に冠たる生産国だ。

　ムギは長日性植物で、日長（一日の日照時間）14時間以上で出穂する。同時に、冬の寒さにあわないと幼穂が形成されない。幼穂形成後は温度が高く、日長が長いほど、出穂が早まり、生育が促される。寒地には春播き用品種もあるが、一般的には秋播きで、日本中どこでも栽培できる。

　イネとは異なり、根の酸素要求度が高く、湿害に弱い。干害（ひでりによる水不足）も受けやすく、干害による大不作で世界の穀物相場に影響を与えることも少なくない。土は、イネが酸性を好むのに対して、PH6〜7の中性を好む。

　日本では、水路がない畑地、イネが育たない寒冷地のほか、冬期の水田裏作（二毛作）として栽培され、畑地では大豆や野菜との輪作に多く用いられてきた。冬期の太陽エネルギー利用による自給率の向上、野菜のみ作付けしている畑地の連作障害の予防、麦わらや根などのバイオマスを大量に土壌に返すことによる地力の向上、野菜の病虫害予防に大きな役割を果たす。そして、パンや麺、粉、菓子、醤油、味噌などに幅広く加工されてきた。

　ムギ類の栽培は、イネ用の機械（収穫と乾燥はコンバインと乾燥機）を活用すると、非常に楽になる。機械を有効利用しながら、安全で美味しいムギ類の生産に励み、自家と日本の自給率向上に役立ちたいと強く思う。

■ポストハーベスト農薬■

　自給を放棄した日本は、大量の小麦をアメリカ、カナダ、オーストラリアから輸入している。貯蔵・輸送中にカビや虫が発生するのを防ぐため、ほとんどの輸入小麦には収穫後農薬（ポストハーベスト農薬）が使用される。

　以前オーストラリアへ農業視察に行ったとき、農家の庭先に置かれたタンクに農薬が混入されていて驚いた（12ページ参照）。港の倉庫や輸送中など、その後も何回か農薬が使われることは明白だ。米のようにもみ殻がなく、虫が付きやすいので、収穫後にも多用されるのだろう。

　私たち有機農業者がつくる小麦が原料の小麦粉は、夏に常温で保管してお

くとすぐ虫が付く。ところが、輸入された小麦が原料の小麦粉には虫が絶対付かない。安全面からも自給の大切さを感じる。

2 品　種

地域と用途によってさまざま。地域に適した奨励品種については地元の農業普及センターなどに相談するとよい。私は次の品種を用いている。

- きぬあずま…麺に向く品種で、中力粉用。つくりやすく、ノギもあり、背丈が低くて倒れにくい。
- ゆきちから…パン用にも向くグルテンが多い品種。福島県では長くアオバコムギが主力だったが、倒れやすく、穂発芽が早い。その欠点を改良した。グルテン含有量を高めるには出穂後多量の窒素分を必要とするため、穂肥が必要。耐肥性は強い。
- ふくあかり…大豆との輪作を始めてから、早生種が必要になった。前記品種より約10日早く刈り取りでき、後作の大豆の増収につながるように育成されている。

3 栽　培

■播種期と播種量■

冬に向かって生育するため、早く播いて大きくすると、寒さで冬枯れし、生育が停滞する。また、遅く播くと生育が遅れ、分けつが少なく茎数不足となるので、播種量を多くしなければならない。

発芽適温は20～24℃、最低発芽温度は4℃。二本松市では10月下旬～11月上旬が播種の適期。前作や天候により遅れたときは播種量を増やす。天候が悪く12月に播いた年は年内に芽が出ず、心配したが、雪解けとともに芽を出し、播種量も多くしたので大幅な減収とはならなかった。冬作物としての麦の強さを実感したものだ。

●10aあたり標準播種量(二本松市)

10月下旬	8kg
11月上旬	10kg
11月中旬	13kg
11月下旬	15kg
12月	20～25kg

私の栽培スケジュール

1	2	3	4	5	6	7	8	9	10	11	12	(月)
		■			▨▨				○〜〜〜〜○			

○ 播種、■ 麦踏み、▨ 収穫。

■播種方法■

①筋播き

以前はすべて筋播きで、間作に大豆、小豆、サツマイモなどを栽培できるようにしていた。畝幅70〜80cmで、鍬幅（15cm）に2列播きが一般的。省力化のためには、耕耘機の車輪幅を調節して走らせ、車輪の跡に種播き後、レーキ（熊手）を付けて覆土をする方法もある。

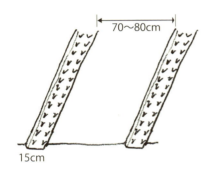

②散播（バラ播き）

現在の主流。畑全面に播かれるため、太陽の光が全体によく当たる。したがって、エネルギー効率が格段によくなり、増収する。小面積であれば手播きし、大面積ではミスト機を使うと早く平均的に播ける。ロータリーを浅くして、5cmくらい浅く攪拌して覆土をする。

③ドリル播き

播種機を使って4〜8条播きとする。筋播きとバラ播きの中間的方法で、機械が必要だ。私は大豆用に備えたアッパーロータリーで畝立てをすると同時に播種機で5条ドリル播きできるようにして、湿害防止と生育向上を図っている。面積が小さい場合は、筋播きや散播で十分対応できる。

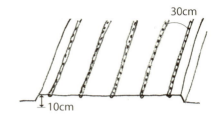

■施　肥■

158ページで述べたように、麦は肥料を多く必要とする。ただし、野菜の後地では無施肥でもよく育つ。私は前作や肥沃度により加減し、大豆の後地には鶏糞を10aあたり150kg前後を施す。栽培面積が多く、収益性は低いので、鶏糞のみの施肥としている。

昔は各地で見られた麦畑

第5章　穀物など

■**麦踏み**■

　幼い茎葉を上から踏み付ける作業で、春の風物詩。3月末〜4月初めに1〜2回行う。目的は、地上部の生育を抑制し、根張りをよくするため。ただし、暖冬や土の重い沖積土では、効果がない場合もある。

■**雑草対策**■

　筋播きして中耕すれば、雑草対策になる。バラ播きの場合は中耕できないので、ていねいに耕起するとともに、やや遅播きで播種量を多くして、雑草を防ぐ。雑草の心配がほとんどないのは冬作の最大の特典だ。

■**病虫害対策**■

　連作を避け、輪作すれば、ほとんど心配はない。おすすめは、小麦―大豆―ナタネ―ソバ―小麦。冬の寒さも味方しているだろう。ただし、次の3点には注意しよう。

　①排水対策

　水田の裏作の場合、排水対策を万全にしないと湿害で大きな被害が発生する。10〜15cmの畝立て栽培とするか、排水溝を掘る。

　②酸性害と肥料

　野菜の後作は無肥料でよく育つ。初期に育ちが悪く、葉が黄色くなるのは、肥料不足か土が酸性に傾いているためだ。石灰と堆肥投入による土づくりをする必要がある。穀物主体の輪作の場合は、以下の肥料を施す。

　　元肥(1aあたり)
● 堆肥　100〜200kg
● 石灰　15kg
　　追肥(生育が悪いとき)
● 鶏糞　15〜20kg(2月〜3月上旬)

　③スズメの害

　小面積の栽培の場合、集中して被害を受け、収穫が皆無となるときもある。鳥が嫌うノギのある品種を選ぶ、鳥よけネットや防鳥糸、防鳥器を早めに設置するなどの対策をとる。

■**収穫と乾燥**■

　手で刈り取っていたころは、脱粒するので早刈りがよいとされていたが、コンバインで刈り取り、機械で乾燥する現在は、完熟してから(刈り取り時の粒の水分25％以下、乾燥13％以下)刈り取るほうが品質が上がる。小麦が黄ばんで、野鳥が食べ始めるころが適期。収量は10aあたり300kgを目指している。

　高水分で刈り取ったときは、時間をかけ、2段階で乾燥するのがよい。

　調整は、唐箕を使って風選により選別している。小面積なら、ハウスにブ

ルーシートを広げて乾燥するのが一般的。夏なので10日前後で乾燥する。毎日手でかき混ぜて、平均して乾燥するように配慮しよう。

■栽培上の7つの利点■

①野菜との輪作に最適(連作障害の防止)

禾本科で根を深く張る小麦の栽培は、どんな土壌改良資材にも優る。麦作のみで連作すると、水田と違って土地の消耗が激しいので、大豆や野菜との輪作で土を守ろう。土壌微生物のバランスをよくし、土に溜まった余分な養分を吸収して土を若返らせることができる(土の肥満防止)。

②裏作に適し、自給を拡大

冬から春の太陽エネルギーを利用して緑をもたらし、自給を拡大できる。

③省力栽培に適し、水稲の機械を利用できる

④有機質の確保

麦わらは稲わらに比べて炭素率が高く、腐植効果も高い。野菜の敷きわらとしても利用できる。刈り取り後に田畑に残った根も、大量の有機質補給となる。

⑤緑肥に利用できる

茎葉が多いライムギが多く用いられるが、小麦(クズ小麦でもよい)も利用できる。11月に空いた畑に播き、4〜5月に鋤き込む。根は土の構造をよくし、茎葉は多量の有機物を補給する。

⑥食生活を豊かに彩る

パン、麺、粉、菓子、醤油、味噌など、自家製の味が楽しめる。

⑦麦わらの利用で楽しめる

ストロー(帽子)や虫かごづくりにも利用できる。

■製粉・製麺■

昔は小麦の加工場が村に1〜2軒はあったが、作付けが減少したために激減した。それでも、少し足を延ばせば良心的な加工場が見つかるだろう。

我が家は市販の粉より黒めに製粉してもらい、昔の味にしている。麺は乾麺にして保存する。消費者向けや直売所でも販売し、ファンも少なくない。乾麺なら手軽で、いつでも食べられる。麺好きの私は乾麺を食べるたびに、小麦づくりの元気をもらっている。

麦わらで作った虫かご

 # 大　豆 〈マメ科〉

品種により播き時に注意

1　特　性

■タンパク質や脂肪を補い、地力を維持■

　世界中でマメと呼ばれる作物は数多く、30〜40種類も栽培されていると言われる。日本人の主食である米をはじめとする穀物は、炭水化物とデンプンは多く含んでいるが、タンパク質や脂肪は少ない。人類の食文化は、それをマメ類の養分で補ってきた。

　地力維持の面からみると、穀物、なかでも小麦は地力を大きく消耗させる。一方、マメ類には空中の窒素をとらえ、作物が吸収できるアンモニアに変える根粒菌がついており、養分を自分でつくるとともに地中にも蓄える。

　以下では、小豆や枝豆も含めて、説明していく。

■日本人の食生活に欠かせない■

　大豆は「畑のブタ肉」と言われる。古くから日本で栽培され、生活に密着してきた。その評価は非常に高く、「マメマメしく働く」「マメで達者で」などの表現もある。納豆、豆腐、味噌、醤油、煮豆、いり豆、もやし、きなこなど、数限りなく毎日の食卓に上る。若いサヤを食べる枝豆も、もちろん大豆だ。

　明治時代末期から大正時代は自給されていた。その後、外国から安い大豆が輸入されるようになり、現在の自給率は7％である（2014年度）。黄色の普通大豆、青豆、黒豆、茶豆、紅豆、くらかけ豆など、色とりどり。大粒から納豆用の小粒まで、大きさもさまざまである。

　現在は世界中で栽培されているが、原産は中国。5000年前ころに野生のつる豆から改良されて栽培が始まったとされ、日本には縄文時代に導入されたと言われる。西洋には5世紀ころに伝えられ、栄養価と地力維持機能の高さから、急速に世界中に広まった。

　タンパク質が豊富で美味しいだけに、病害虫にも侵されやすい。イネと異なり連作が効かず、収量も低い。こうした弱点のため、日本では作付面積が増えない。イネとの輪作で栽培を増やしていきたい。

　また、世界の大豆作付面積の83％は遺伝子組み換え作物である（国際アグリバイオ事業団調査、2015年）。日本の輸入の60％はアメリカで、その遺伝子組み換えの割合は93％だ。省力

と病虫害対策のみが重視され、安全性は疎かにされている。

日本人の健康と世界の生態系を守る面でも、自給を増やしていきたい。そのためには、加工業者や消費者と力を合わせて、農業者が再生産可能な価格を設定する必要がある。

■**マメと根粒菌**■

生育中のマメを引き抜くと、根に小さなつぶつぶがついている。これは微生物が共生してつくったコブで、根粒菌と呼ばれる。

空気中にはたくさんの窒素があるが、作物はそれを直接は吸収できない。根粒菌は空気中から窒素を取り込み、アンモニア態窒素に変換する（窒素固定）。こうして作物を育て、地中に養分を蓄え、よい菌を地中に残し、地力維持に役立つのだ。

痩せ地にこの菌がたくさんついて地力がつくと、根粒菌の数は減っていく。ここから、マメ類と自然との偉大な共生を知ることができる。著書や映画『奇跡のリンゴ』で有名な青森県の木村秋則さんは、大豆とその根粒菌を最大限に利用して、無肥料によるリンゴや野菜づくりを可能にしたと言っておられる。

根粒菌は、窒素分が少なくてもよい黒豆や青豆には少なく、多く必要とする枝豆に多い。

■**マメの生理**■

マメは花が咲き、交配して実ができる。花芽をつくるためにさまざまな生態があり、それらを知ったうえで播く適期を考え、品種を選ばなければならない。

①感光性

日長に敏感な性質を持ち、日が短くならないと花芽ができない。中晩生枝豆、大豆、青豆、黒豆、インゲン豆などを早播きすると、栄養生長が長く、つるボケする。夏至の1カ月前くらいから播こう。

②感温性

早生枝豆やサヤインゲンなどは、生育日数や温度の積み重ね（積算温度）に

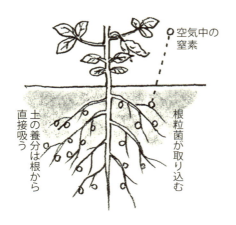

第5章 穀物など

より花芽ができる。一方、空豆やエンドウ豆などは、幼苗期に一定の寒さにあわないと花芽ができない。

2　品　種

地域にあった品種を選ぼう。二本松市では次の品種が作付けされている。

①タチナガハ

やや大粒で、サヤの着果位置が高いので、機械刈り取りに向く。収量が安定していて、ほとんどの用途に使える。

②フクイブキ

イソフラボン（乳ガンのリスクを減らしたり、骨粗鬆症（こつそしょう）の予防効果があると言われる）を多く含む。中〜小粒が多く、納豆にも利用する。

③小スズ

遅播きもでき、虫の害が少ない。現在試験栽培中。

④青豆（青大豆）

緑色の濃い品種と、やや薄青色で味がよく、天候に左右されることの少ない品種の2種を作付けしている。

⑤黒豆（黒大豆）

在来の中粒で、黒皮の中が青色の品種が美味しい。有名な丹波黒豆は試作したが、よく実らなかった。

⑥小豆

大納言。青豆や黒豆と同じ時期に同じ条件で播く。

3　栽　培

■土づくりと輪作■

以前は小麦や大麦の畝間に大豆や小豆を播いて育てていたが、手作業が主となるので、いまではほとんど見られない。しかし、畑の地力維持のためにも、大豆の生理を生かして農地の高度利用と自給を図るうえでも、大切な組み合わせである。

私は機械を利用する都合上、間作はしないが、イネ、小麦、ソバ、ナタネなどとの輪作を大切にしている。野菜との輪作については、早生枝豆はよくできるが、その他の大豆は窒素過剰となり良品がとれない。とくに青豆・黒豆・小豆は肥沃地を避け、小麦の後作としている。

次のような輪作の例が挙げられる。

①大豆－小麦－大豆－イネ

②イネ－大豆－ナタネ－小豆（大豆を4〜5m間隔で播き、その間にナタネを播く）

③ソバ－ナタネ－大豆

また、水田転作が増え、水田に作付けするケースが多くなってきた。そのため、ほ場の排水対策が重要である。

私の栽培スケジュール

作型＼月	1	2	3	4	5	6	7	8	9	10	11	12
白大豆						○〜○	■	■ ■			▨	
青豆、黒豆、小豆、中晩性枝豆						○〜○	■ ■	■ ■			▨	
早生枝豆				○	△	■	■ ▨					

○ 播種、△ 定植、■ 中耕、▨ 収穫。

痩せ地は堆肥を入れるが、それ以外は輪作で対応している。有機肥料を施さなくてもよく育つ。

■播　種■

品種と地域によって播き時が異なる。

一般的には、短日性（感光性）のタチナガハなどの白大豆は5月下旬〜6月下旬が適期。

黒豆、青豆、小豆は、早播きすると栄養成長期が長くなり、つる化しやすくなるので、6月下旬〜7月上旬が適期。

感温性の夏大豆と言われる早生枝豆は、霜の心配がなくなる4月下旬〜5月下旬が適期。これより遅くなると背丈が伸びず、収量が少ない。

播種量は、いずれも1aあたり5〜7dl。

■畝間・畝の高さ・株間■

65〜75cm前後の畝間として、中耕機に合わせる。畝の高さは10cm、株間は20cmが標準で、6月下旬の遅播き大豆は15cm。1カ所2粒播きで、深さは3cmにする。

耕起や畝立て後、土が乾かないうちに播種するのが発芽をよくするコツである。ハトなどの鳥害が多いときは、鳥よけの糸やテープを張り巡らせる。

種播き後の苗の育ちをよくすることが大切だ。排水の悪い畑や転作田では、10cm程度の高畝にする必要がある。

小面積なら鍬や小型管理機で畝立てする。面積が広い場合は、トラクターのアッパーロータリー＊で畝立てして播種すると、生育がよい。

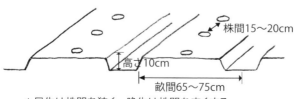

＊早生は株間を狭く、晩生は株間を広くする。

ただし、あまり高くすると培土作業がうまくいかず、十分な雑草対策ができない。8〜10cmが最良だ。

＊畑を整地する際に使用する。耕運軸が普通のロータリーとは逆の回転をするため、表層は細かい土の層となり、播種や移植が行いやすい。下層は粗い土になる。

■中耕・培土（土寄せ）■

6月の播種は雑草対策が重要となる。早めの中耕・培土で、雑草を防ごう。

播種の15日後から、15日ごとに2〜3回中耕・培土をする。それでも株間などに残った雑草は、手で取る。中耕や培土には、土への酸素供給と倒伏防止の役割がある。大豆の場合、雑草対策にも重要な作業だ（右上図）。

■受粉とつる化の防止■

花がたくさん咲くが、3分の2は子実を残さず落ちてしまう。花は自家受粉で、1つの花の中に雌しべと雄しべが一緒にある。同じ自家受粉のイネは、ほとんどの花に子実を残すのに対し、大豆はデリケートで落花が多い。そして、高温と乾燥を嫌い、開花期前後に水分を多く必要とするので、この時期に灌水ができれば効果が高い。

また、とくに青豆、黒豆、小豆は、

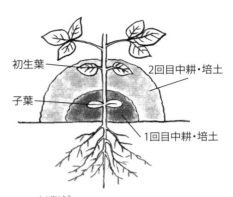

（注）初生葉（しょせいよう）は、枝豆やインゲンで子葉（双葉）が展開して最初に出てくる葉。子葉が展開して本葉が出るのが一般的だが、枝豆やインゲンは初生葉が出てから本葉が出る。

肥沃地では栄養過剰になりやすい。その結果、つる化して茎が伸びすぎ、極端に品質が落ち、収量も少なくなる。こんなときは、開花期前後に思い切って葉やつる化した茎を刈り取り、風通しをよくして日光を当てよう。こうして身の危険を感じさせると、実りが向上する。

■収穫・選別■

手作業の場合、葉が落ち、実が充実して、サヤを振るとカラカラと音がするようになるのが目安。サヤが割れる前に鎌や刈払機で刈り取ろう。

晴天で10日ほど乾燥させたら、脱穀して実を取り出す。少量なら、シートの上で棒ではたいて落とし、選別す

る。

また、現在は水田転作推進のため、刈取機、ビーンハーベスター、選別機などを各JAで備えている。それらを利用すれば省力化できる。

コンバインによる機械収穫の場合は、鎌や刈払機より10日ぐらい遅らせる。水分が多く青いサヤがあると、白い豆を汚し、品質が悪くなる。そこで、水分の少ない晴れた日中に刈り取るように心がけ、粒の汚れを防ぐ。乾燥はビニールハウスなどで行う。

■自給と加工■

大豆の加工品は数多く、栄養もあり、美味しい。自給した豆をぜひ加工して食べよう。

味噌はいったん加工すれば長期貯蔵できる。豆腐や納豆は、忙しいなかで年間通して自分でつくるのは大変だ。私は知り合いの豆腐屋さん、納豆屋さんに加工を委託。1週間に1回つくってもらい、希望する消費者にも届けてきた。自分の豆でつくった味噌や豆腐や納豆の美味しさに、大豆づくりの意欲と体力をいただいている。

■病虫害予防■

ここまで述べてきた基本的技術を守り、2年以上の連作をせず、輪作することにつきる。

4 枝豆

早生枝豆は夏大豆と言われる。感温性で4月下旬から播ける。品種は、湯あがり娘やユキムスメなど。いずれも味がよく、サヤがたくさん成る。

4月播きの場合、霜の被害もあるので育苗してから5月中旬に定植する。畝間と株間は一般の大豆よりやや狭い、60cm×20cm程度とする。7月下旬から収穫でき、夏のビールのつまみに最適だ。

5月中旬からは直播きでよい。こちらは8月下旬まで収穫できる。

秋に食べる一般の大豆や青豆、黒豆などは、実取り用と加工用の兼用で作付けしている。

Ⓒ武田章

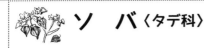

ソバ〈タデ科〉

難しい｜普通｜やさしい ☺

播き時は早すぎず、遅れぬように

1 特 性

■救荒作物■

他の穀物とは異なり、イネ科ではない。原産は中国からシベリアのバイカル湖付近で、アジア大陸から世界に広まったと言われている。ヨーロッパには14〜16世紀に、その後アフリカやブラジルなどアメリカ大陸に伝えられた。土地や気候を選ばず、適応性が広い。

日本では弥生時代から食べられていたという。当初は荒皮を取った丸粒を米のように食べていた。現代のようにソバ切り（麺の形状）が普及したのは、中国との交易が盛んになってからのようだ。干ばつが激しく飢饉が起きた700年ごろに、「ソバを栽培するように」という天皇からの勅令が出された記録があるという。

たしかに、どんな痩せ地でも短期間で育ち、干ばつにも冷害にも強い。それゆえ、古くから救荒作物として貴重だった。これまでどれほど多くの人の命を救ってきたか、はかり知れない。実だけでなく、葉や茎も柔らかいため、食用として用いられた。荒地、痩せ地で短期間で収穫できるので、新たな土地を耕す入植者にも重宝されたようだ。

大正時代以降、食糧生産が安定し、また外国産が安く輸入され始めると、日本の生産量と作付面積は減少していく。これには、収量の低さも影響している。だが、近年では健康食として見直され、国産品の味のよさが知られるようになった。こうして、水田の減反政策とも相まって、各地の集落で白いソバの花が揺れる風景を目にする機会が増えた。うれしいことだ。

■種子と根■

花が咲いた後に実るソバの種子を見ると、茶褐色の三角形（三角稜）で、おせじにも見た目がよいとは言えない。「作物の種子の多くは、丸くて中身も美味しそうに見えるのに」と思ってし

ソバの種子
甘皮
胚乳
鬼がら
胚芽

まう。だが、この種子をながめていると、こんなつぶやきが聞こえてくる。

「私たちは山あいの畑に育つソバの種子。そこには、お腹をすかした獣や野鳥がたくさんいるのよ。種子の中には、人間にとっても、獣にとっても、栄養あるものがたくさん詰まっているの。それらを守るために、見た目は悪く、トゲもあって、食べづらくしているのよ。子孫を残し、生き残るために受け継いできた知恵なの」

この種子は、三角形のどの一部が土についても発芽して根を出すと言われている。だから、干ばつのときでも芽を出して育つ。また、土の養分は多く必要とせず、後の作物のために養分を吸いやすくして、残しておく。したがって、後の作物はよく育ち、輪作にも適している。

ただし、根が特別に丈夫というわけではない。むしろ貧弱で、30～40cmの範囲と深さにしか広がらない。成長も茎や葉に比べて遅い。ところが、この根は他の植物が吸うことができないような水に溶けにくい養分も吸収する独特な能力を持っている。そのため、どんな土地でも育つのだ。

■他花受粉■

各枝の先端にたくさんのつぼみがつき、直径3～4mmの白く小さいきれいな花が下から順々に咲いていく。そのみごとさは私たちを魅了し、楽しませてくれる。

日本を代表する花として、春は桜、秋は菊が挙げられる。だが、「花よりだんご」と言うように、春はナタネ、秋はソバの花に感動する人も多いだろう。広い面積に、実を取るために栽培された作物の花。作物としては一流になれなくとも、全身を花で覆って、ひとときの見せ場をつくり出す。

ソバは品種改良が進んでいないため野生の血が強く、一度に花を咲かせようとしない。子孫を残すための用心深い仕組みである。それゆえ実る時期がバラバラで、収穫時期の見極めには苦労する。

花は5枚の花びらを持ち、8本の雄しべと真ん中に3本の雌しべがある。雌しべが雄しべより長い長花柱花と、雄しべより短い短花柱花があり、長花

柱花同士や短花柱花同士では受粉できない（他花受粉）。花の中にたっぷりと蜜をため、甘い香りを出してミツバチや虫を引き寄せ、その力を借りて交配する。自然の共同作業のなせる業だ。

とはいえ、イネ、ムギ、マメ類のような自家受粉よりは受精が完全ではない。シイナ（不稔種子）が多く、ムダ花も多くなる。

■健康食■

穀類の中でもっとも多くのタンパク質を含んでいる。通常、穀物のタンパク質は水に溶けにくく、熱を加えないと食べられない。しかし、ソバのタンパク質は水に溶けやすいため、ソバ粉は水やお湯で溶いただけで消化でき、食べられる。そのため、ソバを茹でた後の湯には栄養が豊富に溶け出しており、飲む習慣がある。

また、他の作物には少ないルチンが多く含まれている。ルチンは、以前ビタミンPと呼ばれ、毛細血管に弾力性を持たせる働きがあり、血圧を下げる効果がある。他のビタミンやミネラルも多く、しかも低カロリーなので、健康食やダイエット食として見直されてきた。胃腸薬のほか、神経系統、貧血、糖尿病などの食事療法にも用いられている。

■二八蕎麦、十割蕎麦■

昔は「ソバコメ」と言われ、米、粟、キビ、ヒエと一緒に食べられていた。よく実らないシイナも、食べられていたそうだ。

現在のような食べ方が広まったのは、中国から製粉技術が持ち込まれた江戸時代中期以降と言われている。当時作付けが増えた小麦を原料とする小麦粉はねばりがあり、ソバ粉のみで製麺するよりも麺にしやすい。そこで、20％の小麦粉に80％のソバ粉で打った麺が「二八蕎麦」と呼ばれた。一説には、江戸時代に蕎麦が1杯16文で長く売られていたので、2×8で二八蕎麦と呼ばれたとも言われる。

ソバ切り発祥の地は、信州（長野県）と言われ、昔も今もソバのふるさととして有名だ。「ソバ粉だけのものが本物だ」という人たちには、ソバ粉100％にこだわった十割蕎麦が好まれる。これは昔から用いられた割合でもあり、江戸時代からこう呼ばれてい

栄養の比較（100g あたり、単位 g）

	タンパク質	炭水化物	ルチン	ビタミン
米（白米）	6.8	75.8	0	0.15
ソバ粉	12.1	69.5	6.5	0.57
小麦粉	11.7	71.5	0	0.15

た。

現在は各地に蕎麦打ち名人が誕生している。寒ざらし蕎麦＊に挑戦するなどこだわり派も多く、新たな蕎麦文化が花開いているようだ。

＊秋に収穫した新ソバを、細心の注意をはらいながら保存し、厳寒の冷たい清流に10日ほど浸ける。晴天続きを見計らって引き上げ、冷たい風と真冬の紫外線の多い太陽光線でさらして乾燥する。

2　品　種

品種改良が発達しなかったので、地域に適した在来品種が多い。それらを栽培しよう。

福島県では、生産量が多い下郷町（南会津）の在来品種を育成素材として改良した会津のかおりという新品種を2007年に作出した。在来品種より品質がよく、収量も多い。しかも、手打ち蕎麦の打ちやすさ、香り、味を兼ね備えている。私も全面的に切り替えた。

全国的には長野県の信濃一号、北海道のキタワセソバ、青森県の階上早生、茨城県の常陸秋そばなどが多く栽培されている。

3　栽　培

■土づくり■

「ソバは土地を選ばず」と言うが、湿地は嫌う。排水のよい痩せ地が最適。「段々畑や火山灰土の排水のよい畑でとれたソバに比べて、減反水田に作付けしたソバは味が劣る」と語る、こだわり派もいる。

野菜の後地であれば、無肥料で栽培する。肥沃な畑は、前作にトウモロコシなどの吸肥力の強い作物をつくるとよいだろう。

元肥として、痩せ地や開墾した畑では堆肥を1aあたり100kgほど施してもよい。ただし、ほとんど無肥料で育つ。生育を見て追肥をする。

■作　型■

基本的に、1年を通していつでも播くことができる。生育日数を75日とすると、1年に3回収穫できる計算になる。暖地には、1年に3回収穫できる三度ソバ（夏ソバと秋ソバの中間品種）もあるという。

①夏ソバ

地温が上がり、霜が降りなくなる5〜6月に播種し、7〜8月に収穫する。長日でも花が咲く品種で、高温期に成

私の栽培スケジュール

| | 8 | 9 | 10 | (月) |

○播種、▨収穫。

熟する。品質も収量もよいとは言えず、あまり栽培されていない。

②秋ソバ

7～8月に播き、10月に収穫する。一般的。短日で花が咲き、秋に実るので、品質も収量もよい。

■播　種■

播き時は地域により適期がある。二本松市では、8月5～10日に播くとよく育つ。一般に、夏ソバは早播き、秋ソバは遅播きで増収すると言われる。

播き方は、バラ播きが多い。10aあたり7kg前後をバラ播きし、ロータリーで浅く耕耘して覆土する。

筋播きの場合は、畝幅60～70cm、株間15cm、深さ5cmの播き溝をつくり、播種・覆土する。

■雑草・病虫害・倒伏対策■

あっという間に地面を茎葉で覆って大きくなるので、雑草が生えない。根から雑草が嫌う物質を出しているとも言われる。

バラ播きの場合、ていねいに均一に播けば雑草の心配はほとんどない。筋播きの場合は、草丈15cmのころ中耕と培土を兼ねて除草すれば万全だ。

病虫害の心配もまずない。一方で、茎が柔らかいため倒伏しやすい。厚播きにしない、肥料を少なくする、土寄せする、風除けの作物(ソルゴーやトウモロコシ)を利用するなどして、倒伏を防ごう。

■輪作と緑肥■

食料不足の時代は、空いた畑の隙間にソバを播いたと言われるように、輪作になくてはならない作物だったそうだ。地力の収奪が少なく、地力を増す。また、タデ科なので他の作物との競合が少なく、畑のクリーニングにもなる。さらに、害虫がいないので虫よけにもなり、野菜の発芽を助ける。

次のような輪作の例が挙げられる。

①小麦－ソバ－小麦－大豆－ソバ

②トウモロコシ－ソバ－野菜(小松菜、冬菜など)

③ナタネ－ソバ－小麦

④ジャガイモ－ソバ－春野菜(レタスなど)

緑肥としての利用も有効だ。ただし、実るまで畑に置いておくと種子が芽を出して雑草化し、後作で苦労する

場合がある。種子が実る前に、早目に鋤き込もう。

■収　穫■

「ソバは花見て刈れ」と言われる。栄養生長と生殖生長が同時に進むので、早く咲いた花は実っているのに、まだ後の花が咲いていることがある。

最初の実はよく充実しているので、それらが落ち始めたら刈り取る。播種後60〜70日（夏播き、秋どり）が目安。

手刈りなら、束ねてその場で立てて乾かすか、稲架掛けするか、ビニールハウスに取り込んで乾燥する。水分は13％以下。おおむね2週間で乾燥する。

大面積では、ほとんどがコンバイン。収穫後すみやかにイネの乾燥機で乾燥させ、カビの発生や過乾燥に注意する。

■保管・加工■

粉は挽き立て、蕎麦は打ち立てが何よりも美味しいと言われる。製粉後はすぐに冷凍庫か冷蔵庫に入れて保管し、利用する分のみ取り出せば、香りや味の劣化をいくらか防止できる。

また、麺にするだけでなく、そばがきやそばだんごにも手軽に利用できる。小麦粉を利用する料理やお菓子に少し加えれば、ソバの風味や栄養が楽しめる。家庭で粉挽きできる器具もあるので、楽しみながら栽培して健康づくりに役立てたい。

ナタネ（アブラナ）〈アブラナ科〉

収穫期の梅雨に注意

1 特 性

アブラナ科なので仲間が非常に多い。花は十字型に4枚の花びらをつけるので、十字花作物とも称される。

アブラナ（油菜）とも呼ばれるように、種子から油を採ることができる。葉・茎・花を食用とする在来ナタネと、明治時代にに入ってきた油が多く採れる西洋ナタネに分けられる。

在来ナタネは葉やつぼみが丸く、古くから食用として用いられてきた。春早くに食べられる野菜として貴重。江戸時代には油を採る技術が発達し、灯油としても用いられた。

西洋ナタネは葉が細長く、油の含量が多く、病気に強い。現在はほとんどが西洋ナタネの改良品種である。

菜種油には、エルシン酸という心臓疾患を引き起こすおそれがある物質が含まれている。過剰に摂取すると問題があるため、現代の品種はすべてエルシン酸を取り除いた無エルシン酸品種だ。自分で採種すると交雑してエルシン酸を含む油となる場合があるので、純粋な品種を用いなければならない。

日本のナタネの自給率は0.1％以下だ。輸入の94％を占めるカナダの遺伝子組み換えの割合は97％にものぼる（2012年）。そして、輸入ナタネの種子がこぼれ落ちて、輸入港から延びる街道沿いで遺伝子組み換えナタネが自生している。さらに、カブや白菜との交雑体もあることが、環境省の調査で明らかになった。すでに生態系が乱れているのだ。この点からも、自給率をアップさせなければならない。

2 品 種

福島県にはアサカノナタネ、山形県にはキラリボシ、青森県には寒さに強いキザキノナタネがある。暖地向けには、ななしきぶなどが育成されている。いずれも、エルシン酸は含まない。他にも地域に合った品種が育成・改良されているので、それらを選ぼう。

自分で採種するときは、他のアブラナ科の作物がなく、他からミツバチが来ない離れた畑で交雑を防ぎ、純粋さを保つことが大切。少量なら、畑の一部に虫が入らないように網を覆って種採りをすることもできる。

3 栽　培

水田裏作として栽培されていたときは、ほとんどが移植栽培だった。その後、田植機の普及によって田植えの時期が早まり、ナタネが外国から安く大量に輸入されるようになったこともあって、イネとの二毛作はほとんど姿を消した。栽培面積が狭い場合は、移植栽培が土地の有効利用のうえからもたいへんよい。栽培面積が広い場合は、ほとんどじか播き栽培となっている。

■移植栽培■

9月初めに畑の一部に苗床をつくり、育苗して、11月初旬に定植する。種子量は10aあたり300g前後として、小松菜や青菜の要領で、苗づくりをする。

定植の畝間は75cm、株間は30cmが目安。苗の大きさは、15～30cm程度。

■じか播き栽培■

東北地方では、9月中～下旬に播く。
①バラ播き

耕した後に、10aあたり700g～1kg（遅播きは1kg）をバラ播き後、ロータリーで浅く2～5cm攪拌し、耕起して覆土する。
②筋播き

畝間70～80cmで、手で播くか、野菜の播種機を小松菜と同様に調節して播くと、中耕除草が容易で、雑草対策にもなる。量は10aあたり500gとする。

移植・じか播きともに、越冬に適した苗の大きさは15cm前後。伸びすぎても小さすぎても、生育が劣り、寒さに弱くなる。移植後、苗には葉がかくれない程度に土を盛り、寒さから守ろう。

■土づくり■

野菜の後地なら無肥料でよく育つ。

痩せ地や酸性の畑では、10aあたり苦土石灰を70～80kg、堆肥を1～1.5トン、元肥として鶏糞100kg前後を施す。

水田や排水不良の畑では、何よりも排水をよくすることが大事。溝を掘ったり、15cmの高畝栽培としよう。

■間引きと中耕■

ほとんど放任栽培で育つ。もちろん、手をかければよく育ち、増収できる。

じか播きの場合、10月末～11月中旬に、株間10～15cmになるように

間引きする。花のつぼみのころに切り取れば、菜花として美味しく食べられる。

筋播きや移植栽培では3月下旬〜4月上旬に中耕ができるので、雑草対策に非常に有効となる。雑草の種子が混入すると選別作業が大変なので、雑草は早めに除去したい。

■輪　作■

連作すると病気に弱くなり、収量も上がらない。輪作すれば、後作もよく育つ。次のような例が挙げられる。
①ナタネ―大豆―小麦―ナタネ
②ナタネ―ソバ―小麦―大豆
③ナタネ―秋野菜(ホウレンソウ)
④春野菜(ジャガイモ)―ナタネ

一般に、ナタネの後作の晩播き大豆は品質がよい。また、緑肥としての活用、水田でのイネとの輪作や二毛作(暖地の場合)もよい。

■収穫・乾燥・調整■

栽培に手間はかからないが、収穫以降の作業は梅雨期と重なるうえ、手間がかかり、注意が欠かせない。

開花後サヤができ、花弁が落ちてから1カ月後(6月下旬〜7月上旬)が、収穫適期の目安。中段についたサヤの実が黒く色づいたころだ。遅れるとサヤがはじけて実が落ちるし、早すぎると品質のよい油が採れない。

収穫は手刈りかコンバイン。手刈りは晴天が続く時期を見定めて行い、刈り取り後4〜5日間は畑の刈り株の上で乾燥させる。取り込んだら、棒でたたいて実を取り出す。コンバインの場合はやや遅めで、実が成熟してサヤがはじけ始めたころがよい。

その後、いずれの場合もビニールハウスなどで水分が約10％になるまで乾燥させる。梅雨期なので、通風乾燥機があれば助かる。イネの乾燥機も利用できる。シートの上に広げて乾燥するときは、毎日かき混ぜてカビが生えないように注意する。

乾燥が終わったら、ふるいや唐箕を使って、サヤやごみを取り除く(調整)。

収量は10aあたり100〜150kg程度である。

私の栽培スケジュール

作型＼月	1	2	3	4	5	6	7	8	9	10	11	12
移植栽培			■	■		▨		元肥 ○			▲	
じか播き栽培						▨		耕起	○―○	■	～■	

○播種、▲定植、■中耕・除草、▨収穫。

4　製油と菜の花プロジェクト

ナタネの実には40～50％の油分が含まれる。昔ながらの圧搾法の機械では、そのうち30～40％が搾れる。昔は小さな町にも油屋さん（搾油所）が2～3軒はあったが、現在は栽培の減少により大幅に減った。近くにない場合は、遠方に依頼して送らなければならない。もっとも、共同で搾油機を導入するグループも最近は増えてきた。

現代人は大手メーカーのサラダ油に慣れているが、ナタネ栽培には懐かしい手搾りの油に出合う楽しみもある。

また、湖沼の水質浄化、遊休地利用による農の多面的機能の活用を目指して、各地に「菜の花プロジェクト」が誕生し、活動している。転作田や遊休地にナタネを栽培して、景観を守り（観光）、油を搾り（特産品づくり）、家庭から出る廃食油を回収してBDFにし、ディーゼルエンジンで車やトラクターを走らせるのだ。

資源のない日本でナタネによって資源を産み出し、CO_2の排出量を減らそうという一挙両得の取り組みである。油の搾り粕は良質な肥料にもなる。こうして循環型の自給システムが構築できる。

5　菜の花を使った除染活動

チェルノブイリ原発事故により放射能で汚染された土地に菜の花を植え、土の浄化とエネルギー確保をめざす支援活動が、「NPO法人チェルノブイリ救援・中部」の河田昌東(まさはる)先生を中心に進められてきた。福島第一原発の事故後、河田先生の支援チームは福島にも何回も訪れ、活動しておられる。

ナタネは放射能セシウムの吸収率が高いが、油からはセシウムは検出されないので、油は利用できる。除染をしながら油を搾って、その残さ（茎葉・油粕など）をバイオマス発酵によりガスや肥料として利用するという。これが有力な除染方法となり得るか、私たちも検討を進めている。

ナタネによる除染は、即効性はなく、長期にわたっての実施が必要となる。だからこそ、特産品づくり（エネルギー、食用品、観光）を含めた取り組みが可能となる。なお、河田先生によれば、ナタネの後作の大豆や野菜からはほとんど放射能が検出されず、食用とできることが実証されているという。

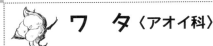 ワタ〈アオイ科〉

発芽に注意

1　震災後の取り組み

　人間の生活の基本は「衣食住」と言われる。自給を目指す者として、そのための原料の生産に心がけ、食と住の自給はある程度達成できたものの、衣に至ってはなす術がなかった。だが、東日本大震災と原発事故後の支援をしてくださった二カ所の綿屋さん（大阪府泉南市の大正紡績、福島県の和田屋）に、こう言われたのだ。

　「ワタは塩害に強いので、津波で被害を受けた畑で栽培試験をお願いしています。原発事故で汚染された畑にも、よいのではないでしょうか？　食べ物ではないので、栽培してみませんか」

　種子の提供も受けたので、栽培に取り組むことに決めた。その過程で、安全な衣類や綿を望む消費者がおり、オーガニックコットンという有機栽培の分野があることを知る。こうして、有機認証を受けた畑で、正真正銘のオーガニックコットンづくりを目指す試みを 2011 年から開始。初めての栽培で試行錯誤だったが、まずまずの成績を上げられた。

　なお、日本のワタの自給率はほぼゼロ。輸入の 95％を占めるオーストラリアでは、ほとんどすべてが遺伝子組み換えワタである。

2　特　性

■衣料品の優れた原料■

　ワタのふるさとは熱帯地方だ。花が大きく、収量も多い。洋綿と呼ばれるアブランド綿は、メキシコやペルー生まれで、古くから栽培されていた。インドから中国に伝わったのがアジア綿で、長い年月を経て寒さに耐えて育つ品種も生まれる。日本では 15 世紀末ごろから栽培されるようになったという。

　ワタが伝わる以前は、麻、カラムシ、こうぞ、藤などの樹皮をはいで糸をつくり、布にしていた。いずれもワタに比べると手間がかかる。肌触りも悪く、染色も大変だった。

　着物や船の帆布などを中国や朝鮮半島から輸入していた戦国大名が、日本でも栽培できることを知り、競って綿づくりに力を入れたようだ。綿くり（種子と繊維に分ける）、綿打ち（繊維をほぐす）、染め屋、機屋などの業者も出現し、各地に独特の織物が生まれた。

　その結果、江戸時代には木綿や衣料が自給できるまでになった。ところ

が、明治時代に交易が盛んになると、大量のワタが安く外国から輸入され、日本の栽培はほぼ潰滅してしまう。

■子孫を増やすための知恵の結晶■

ワタは綿花とも言われ、ワタの中に数個の種子が入っている。なぜ、種子はワタでくるまれているのだろうか。

植物には、子孫を絶やさずに殖やしたいという本能がある。植物種ごとに、種子のあり方はさまざまに発達した。たとえば、風に飛ばされる、鳥に食べられて遠くに運ばれる、人や獣にくっついて運ばれるなどだ。

ワタには浮力がある。川や海の流れに乗って遠くに運ばれ、芽を出した。太平洋の島々にワタの木が自生しているのは、そうして流れ着いて育ったのだろうと推測されている。子孫を殖やし、生き残るための知恵の結晶であるワタを、私たちは人間の身を守る衣類や布団として利用しているわけだ。

また、ワタの中にある種子には油脂がたくさん詰まっており、取り出せば綿実油にできる。ワタは大きな働きをしてくれる貴重な植物なのである。

■歴史を動かす役割■

ワタがとれると多くの仕事が生まれる。18世紀にイギリスで起きた産業革命の主役は綿花である。ほとんど手作業だった紡績や織布などの作業が機械化されて大量生産され、安価な衣料を庶民が手に入れられるようになった。アメリカの南北戦争、インドの独立運動など世界の歴史においても、ワタは重要な役割を果たした。

ところで、ジーンズは何からできているかご存知だろうか？　答えは木綿だ。木綿は、ワタの木にできる綿花(コットンボール)から紡いだ糸を織ってつくられる。自然のものだから、細い糸にすれば通気性がよく、汗を吸いやすい。肌触りもよく、下着に最適だ。太い糸にすれば、丈夫で保温性が高まり、静電気も発生しない。

ジーンズは19世紀のアメリカで、テントなどに使う丈夫な木綿の布でズボンをつくったのが始まりと言われている。その後、乗馬用や労働着として普及し、さらにはお洒落着としても世界中に広まった。

3　品　種

洋綿と和綿がある。

熱帯生まれの洋綿は花が大きく収量は多いが、日本では温度が不足する。早播きなどの対策が必要なようだ。

和綿と呼ばれるアジア綿は、花は小

さく、収量は低い。糸も短いが、品質はよいと言われる。各地に、風土と気候に適した品種も残っている。福島県では会津地方で昔から多く栽培され、会津木綿という伝統産業がある。現在も栽培が細々と続いていることを知ったので、その種子を入手して、比較栽培している。

4　栽　培

■土づくりと施肥■

熱帯生まれで、砂漠などで多く栽培されてきたので、日当たりがよく、乾燥する畑を好む。とはいえ、10cmの高畝にしたり黒ポリマルチをすれば、ほとんどの畑で栽培できる。

野菜の後地では無肥料でよく育つ。肥料が多すぎると、倒伏したり、栄養生長が盛んで花が咲くのが遅れて、できが悪くなる。また、酸性に弱いので、酸性の畑には石灰や木灰を撒く。

■播　種■

4月下旬〜5月上旬が適期。面積が多い場合はじか播きする。ただし、霜に弱いので気をつける。5月末までに播けば花はよく咲くが、6月以降の遅播きでは積算温度が不足して、できが悪くなる。

発芽率が悪いので、一昼夜水に浸してから播く。とくに、種子に綿毛がついていたら、長めに水に浸しておく。畝幅は90cm、株間は30cm前後で、1カ所に3粒播く。背丈10cm前後で、1本仕立てとする。

■育苗・定植■

欠株に植える分や、面積が狭いときは、育苗して早播きすると品質がよくなる。4月下旬に、3〜8cmの連結ポットなどに2〜3粒ずつ播く。床土は野菜の育苗用や畑土を用いる。

定植は本葉2〜3枚のころ。鉢が小さいときは早めに、大きいときは大きく育てて遅めに植える。

■除　草■

初期生育が遅いので、早期からの草取りが必要。草を防ぐために黒ポリマルチをする人も多いが、できれば自然のもとで育てたい。私は中耕機で畝間

私の栽培スケジュール

作型＼月	4	5	6	7	8	9	10	11	12
移植栽培	○		▲	■	■	□	▨▨		
じか播き栽培	○–○		▲	■	■	□	▨▨		

○播種、▲定植、■中耕、□摘芯、▨収穫。

を6月下旬と7月中〜下旬に2〜3回中耕し、最後は培土をして終える。株間の残った草は手除草とする。

■**倒伏防止**■

野菜の後地などでは草丈1.5mくらいまで伸びるので、培土をしたり支柱を立てて倒伏を防止しないと、良品がとれない。また、肥沃地では栽植密度を1m×40mと広くし、草丈10cmころに間引いて1本仕立てとして、風通しをよくして丈夫に育てる。

■**受精と摘芯**■

きれいな花が夏中咲く。咲き終わると、コットンボールと呼ばれる実が出てくる。そして、その実がはじけ、中から白いワタが出てくる。ワタは花ではなく実である。だから、ワタの中に種が入っているのだ。実がはじけて、みごとな白い花が咲いているように見えるので、綿花と呼ばれている。

花が咲いて受精すると、種子ができ始め、その表面の細胞が伸びていき、約24日かかって種子のまわりを綿毛が包む。つまり、種子を守るワタを人間がいただいて活用しているわけだ。

最初の花がワタになっても、花が咲いている場合もある。遅く咲いた花は、寒さのためよい綿にはならない。

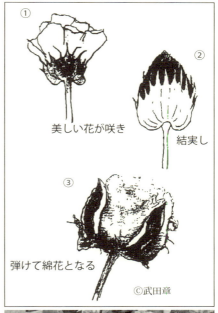

① 美しい花が咲き
② 結実し
③ 弾けて綿花となる

©武田章

黄色(クリーム色)の綿の花は8〜9月に咲き、しぼむとピンクに変わる

9月初めころ主茎の先端を摘芯し、花が咲くのをやめさせて、実の充実をはかる。

■**収　穫**■

収穫は人手を多く要する。その歴史には、奴隷の存在など安い賃金で酷使

された人びとの悲しい物語がついてまわる。

綿花は乾燥を好み、水分が少ないほど弾けてよいワタとなる。雨にあたると、よいワタにならない。そこで、好天が続く夏～初秋に収穫できるように栽培を工夫する。

ワタがきれいに開いたのを見計らって、一つひとつ手で収穫する。早めにコットンボールを切り取って収穫し、ビニールハウスで乾燥してもよい。株や枝ごと切り取り、室内やハウスに吊してドライフラワーにするのも楽しい。

■ **鉢で育てよう** ■

種子を植木鉢やバケツに播けば、一般家庭でも育てられる。花の種子として売っており、花壇でも簡単に栽培できる。

直径25cm以上の鉢を用い、排水のよい畑の土を入れる。草木灰やナタネ粕をひとつかみ入れて、土と混ぜるとよい。1鉢に3粒播き、10cm程度に育ってから1本仕立てとする。

水はやりすぎないようにするが、発芽までは乾かないように新聞紙を敷いておく。ふだんは日当たりのよいベランダなどに置き、寒いときは室内に取り込めば、みごとな花となる。

■ **さまざまな活用** ■

製品とするには技術や手間が必要だが、コットンボールがはじけて咲いたワタの花は、飾りや生け花にも多く利用される。白いままでもきれいだし、藍染め、コーヒーやタマネギの皮を使った草木染めも楽しめる。栽培後の綿くり、綿打ち、糸つむぎの体験教室も人気があるようだ。織りや染色へと体験は広がっていく。

私たち農家にとって、ワタの栽培で収益をあげるのは難しい。でも、楽しみながら化学繊維にないよさを知り、自然の衣類のもとになっているワタに触れることができた。そして、人類の発達とともに歩んだ綿花の歴史にまでたどりつく幸せを感じている。

色とりどりに染めた綿花でつくったリース

● ホウレンソウに励まされて ●あとがきに代えて●●

　2011年3月15日、東日本大震災による原発の水素爆発事故で、近隣の浪江町から二本松市に約7000人が避難してきました。体育館や公民館では、パンやおにぎりは提供されますが、温かい汁やおかずはありません。そこで、多くの団体が炊き出しを行い、私たちは畑にいっぱいあったホウレンソウなどを中心に料理をつくりました。大量の調理は、毎年行う消費者との収穫祭で経験しているので、お手のものです。そのとき二本松市長も訪れて、こう挨拶しました。
　「いまはガソリンがなくて、牛乳を運ぶことができません。明日は皆さんがたっぷり飲めるように提供します」
　ところが次の日、放射能検査の結果、ホウレンソウと牛乳が出荷停止となりました。山あいに位置する酪農家が、牛に沢水を飲ませていたからです。ふだんはとてもきれいな水が、放射能によって汚染されてしまいました。自然豊かな地ほど、被害は甚大になります。
　私の畑のホウレンソウも汚染されました。これから福島の地で農業を続けられるだろうか。大きな不安のなかでホウレンソウ畑に行くと、元気に育っています。畑に立っている私に、ホウレンソウの叫びが聞こえてきました。
　「私たちは葉を精一杯広げて、降ってくる放射能を受けとめ、土を守ったのよ」
　ホウレンソウは人間に美味しいと言って食べてもらいたかったろうに、我が身を犠牲にして土を守ったと言っている！　私はホウレンソウが愛しくなりました。このホウレンソウの想いを無にはできません。私はホウレンソウを根こそぎ抜いて、人が来ない空き地に捨てました。軽トラック10台分です。
　その隣の畑では、ネギがすっくと立っていました。ネギは葉がスベスベしていて、降ってきた放射能をまったく寄せつけなかったのです。根からも吸わなかったため、放射性セシウムは検出されず、出荷できました。
　春早く、雪が消えると、最初に畑に種子を播くのはホウレンソウです。2月に播いたホウレンソウからは、芽が出始めていました。4月末に大きく育ってから放射能検査を行うと、ほとんど検出されません。このことから、私は気づきました。豊かな土であれば、作物の根は放射性セシウムを見分け、必要な肥料分のみ吸収すると思ったのです。
　かつて東北地方の農民は、冷害に苦しめられてきました。当時も農民や研究者

が知恵を出し合い、努力しましたが、結局は作物の賢さと強さに助けられてきたと思います。今回の人災でも、やはり作物の賢さと強さに助けられました。

　2011年は天候に恵まれ、大豊作でしたが、秋は大変でした。米や大豆にできるかぎりの対策をとったものの、用水や土地の条件によって一部の収穫物から基準値を超えた放射性セシウムが検出され、出荷も移動も禁止されたからです。自分の作物は大丈夫でも、地域のサンプル検査で一点でも検出されると、地域全体が出荷停止となります。

　しかも、作物から放射性セシウムが検出されなかったにもかかわらず、放射能への不安から、長く提携していた消費者の60％が離れました。いったい、どうすればよいのか。思案していたとき、チェルノブイリ原発事故の被害者支援を長く続けてこられた河田昌東先生が福島に何度も足を運ばれ、貴重なアドバイスと歩む道を示してくださいました。

　「チェルノブイリの被害者の支援過程で、作物によって放射性セシウムの吸収に差があることがわかりました。吸いにくいのは、ナス、キュウリ、トマト、その次が人参で、多く吸うのはナタネやヒマワリです。ただし、ナタネやヒマワリの実から搾った油からは、検出されません。そこで、除染作物として育て、油を利用しています」

　私は人参を活用できないかと思い、以前から好評だった人参ジュースの製造を増やすことにしました。仲間とともに人参を多く作付けし、加工したジュースからは、放射性セシウムは検出されず、味も上々です。一般のジュースと比べると割高ですが、本物で美味しく安全で健康に良いものは売れるという確信を持ちました。お陰様で、多くの人たちに愛飲されています。

　一方、搾った油の販売は大変です。それでも、遊休地が増えるなかで、福島の農地を作物と花で復興させたいと願い、できるかぎりナタネとヒマワリも栽培しています。使用済みの油は、トラクターの燃料に利用するつもりです。

　大きな災害をとおして、苦しいなかで多くの人たちの愛を受け、力を与えられ、進む方向を与えられたことを感謝しております。神の測り縄は、ふくしまの地に与えられました。ふくしまが楽しき地、うるわしき地になるよう信じて、力を合わせて歩んでいきたいと思います。

▶大内信一（おおうち・しんいち）
1941 年、福島県二本松市生まれ。
二本松有機農業研究会前代表。
米・麦・大豆・約 50 種類の野菜などを栽培し、消費者に顔の見える関係のもとで届けている。

百姓が書いた有機・無農薬栽培ガイド

2016 年 11 月 20 日・初版発行
2023 年 3 月 5 日・4 刷発行
著者●大内信一
イラスト●高田美果／武田章
©Shinichi Ōuchi, 2016, Printed in Japan.
発行所●コモンズ
東京都新宿区西早稲田 2-16-15-503
TEL03-6265-9617 FAX03-6265-9618
振替　00110-5-400120

info@commonsonline.co.jp
http://www.commonsonline.co.jp/

印刷・製本／創文
乱丁・落丁はお取り替えいたします。
ISBN 978-4-86187-128-3 C2077

コモンズの本

有機農業大全　持続可能な農の技術と思想	澤登早苗・小松﨑将一編　日本有機農業学会監修	3300円
有機農業の技術と考え方	中島紀一・金子美登・西村和雄編著	2500円
有機農業・自然農法の技術　農業生物学者からの提言	明峯哲夫	1800円
教育農場の四季　人を育てる有機園芸	澤登早苗	1600円
農業は脳業である　困ったときもチャンスです	古野隆雄	1800円
子どもを放射能から守るレシピ77	境野米子	1500円
放射能にまけない！簡単マクロビオティックレシピ88	大久保地和子	1600円
ごはん屋さんの野菜いっぱい和みレシピ	米原陽子	1500円
乾物 EveryDay	サカイ優佳子・田平恵美	1600円
食材選びからわかるおうちごはん　クッキングスタジオ BELLE のレシピ	近藤惠津子	1500円
恵泉女学園大学のオーガニック・カフェ　女子大生が育てて創ったオリジナルレシピ	恵泉女学園大学	1300円
半農半Xの種を播く　やりたい仕事も、農ある暮らしも	塩見直紀と種まき大作戦編著	1600円
土から平和へ　みんなで起こそう農レボリューション	塩見直紀と種まき大作戦編著	1600円
幸せな牛からおいしい牛乳	中洞正	1700円
放射能に克つ農の営み　ふくしまから希望の復興へ	菅野正寿・長谷川浩編著	1900円
原発事故と農の復興　避難すれば、それですむのか?!	小出裕章・明峯哲夫ほか	1100円
本来農業宣言	宇根豊・木内孝・田中進・大原興太郎ほか	1700円
場の力、人の力、農の力。たまごの会から暮らしの実験室へ	茨木泰貴・井野博満・湯浅欽史編	2400円
有機農業をはじめよう！　研修から営農開始まで	有機農業参入促進協議会監修　涌井義郎・藤田正雄・吉野隆子ほか著	1800円
希望を蒔く人　アグロエコロジーへの誘い	ピエール・ラビ著　天羽みどり訳　勝俣誠解説	2300円
〔有機農業選書1〕地産地消と学校給食　有機農業と食育のまちづくり	安井孝	1800円
〔有機農業選書2〕有機農業政策と農の再生　新たな農本の地平へ	中島紀一	1800円
〔有機農業選書3〕ぼくが百姓になった理由　山村でめざす自給知足	浅見彰宏	1900円
〔有機農業選書4〕食べものとエネルギーの自産自消　3.11後の持続可能な生き方	長谷川浩	1800円
〔有機農業選書5〕地域自給のネットワーク	井口隆史・桝潟俊子編著	2200円
〔有機農業選書6〕農と言える日本人　福島発・農業の復興へ	野中昌法	1800円
〔有機農業選書7〕農と土のある暮らしを次世代へ　原発事故からの農村の再生	菅野正寿・原田直樹編著	2300円
〔有機農業選書8〕有機農業という最高の仕事　食べものも、家も、地域も、つくります	関塚学	1700円
〔有機農業選書9〕有機農業はこうして広がった　人から地域へ、地域から自治体へ	谷口吉光編著	2000円
有機農業のチカラ　コロナ時代を生きる知恵	大江正章	1700円

（価格は税別）